★★ 최고위과정 18기 ★★

고려대 명강사

| 고려대학교 미래교육원 명강사 25시 |

★★ 최고위과정 18기 ★★

고려대 명강사

| 고려대학교 미래교육원 명강사 25시 |

김은희, 박범진, 박용진, 박현주, 송경숙, 이기자, 이문재, 이순희, 장선아, 한상열 지음

나비의 활주로

추천사

유석훈 고려대학교 미래교육원장

고려대학교 명강사 최고위 과정 18기가 17주간에 걸친 과정을 마치고 그 결과물인 '명강사 25시'를 출간하게 된 것을 축하드립니다.

현대 사회는 어느 한 순간도 예측을 불허할 정도로 역동적인 변화를 보이고 있습니다. 코로나 역병의 수난이 끝나자 대두된 탈세계화(deglobalization)와 탈동조(debuckling)의 분위기는 그동안 우리가 인류 보편적이라고 믿고서 공유해 왔던 상당수의 기준과 가치들을 일순간에 허물어트리는 결과를 초래하였습니다. 그 파급효과는 지구 곳곳에서 벌어지는 환경위기, 이상기후, 자유무역의 붕괴, 그리고 지역 간 첨예한 정치적, 종교적 갈등에서 비롯되는 분쟁 또는 전쟁으로 나타나고 있습니다. 이러한 예기치 못했던 현상들을 이해하기 위해서는 새로운 가치관의 정립이 필요합니다.

본 고려대학교 명강사 최고위 과정은 지난 10여 년간 각 분야의 전문 강사님들이 참여한 가운데 정교한 커리큘럼을 통하여 400여 명에 달하는 전문강사들을 배출함으로써 고려대학교 미래교육원의 대표적인 프로그램으로 자리매김하였습니다. 이렇게 배출된 전문강사들은 인류사회 및 대한민국 사회 곳곳에서 대두되는 주요 현안들에 대한 치밀한 관찰과 정밀한 분석을 통하여 각각의 강의안으로 작성하여 수요자들에게 맞춤강의 형식으로 전달하는 매우 중차대한 역할을 해왔고 또 앞으로도 계속 해나갈 것입니다. '명강사 25시'는 이렇게 양성된 해당 기수 수료생들이 참여하여 집중적인 집필교육 및 연구를 통하여 완성된 매우 높은 수준의 결과물입니다.

다시 한 번 명강사 25시 출간을 위하여 애쓰신 집필자분들께 심심한 축하의 말씀을 드리고, 또한 우리 사회의 산재된 복잡한 문제들을 해결하는 데에 있어서 본 저서의 옥고들이 독자들에게 솔로몬의 지혜로 다가가게 될 것을 기대해보며 축하의 글을 마칩니다.

2024. 1.

유석훈

발간사

박범진 고려대명강사 최고위과정 18기 원우회장

대한민국 최고의 명강사가 되기 위해 각 전문 분야의 내로라하는 인재들이신 고려대 명강사 최고위과정 18기 원우님들과 15주 동안 형설지공의 정신으로 주경야독하면서 용광로 속에 있는 철광석을 단단한 강철로 담금질해 낸 우리들의 결과물인 도서『고려대 미래교육원 명강사 25시-최고위과정 18기』가 탄생했습니다.

지난 15주 동안 우리 18기 원우님들이 최고 명강사가 되기 위한 필수 덕목인 강사 자질부터 인문학적 소양, 강의 기획, 소통·화합의 자세, 감동 주기, 마케팅 능력, 품격 있는 스피치 그리고 창의적 교수법 등을 배우고 익힌 성과물로서 녹여낸 소중한 보물이자 자존감의 역사적 흔적인 공저 발간에는 소중하고 기억하고 싶은 여러 순간들이 담겨 있습니다.

우리 18기 원우님들은 성별, 연령, 고향, 종교, 정치적 신념 등 기본 영역과 직업, 거주지 등 시·공간을 초월하여 "고려대명강사 최고위과정 18기"라는 동기애로 하나가 되었으며, 동반 성장과 동반 협력의 뜨거운 열정으로 뭉친 기수임을 자부합니다.

"한번 맺은 인연, 평생의 인연"이라는 명언처럼 우리 18기 원우님 모두가 소중한 멘토이자 멘티로서 그 인연의 끈을 이어갈 것입니다.

그리고 책이 나오기까지 뜨거운 담금질을 해 주신 서일정 대표강사님과 남정희, 조영순 운영강사님의 열정과 세심한 가르침에 감사드립니다. 우리 대한민국 최고 명강사 10인의 혼과 땀이 종이 위 활자로 나오게끔 예술적 승화의 헌신적인 자세로 봉사해 주신 이문재 공저부회장님과 박용진, 송경숙 공저위원장님께도 감사의 마음을 전합니다.

대한민국 최고의 명강사가 되는 데 관심이 있어 이 책을 선택해주신 독자분들의 탁월한 선택에 감사의 말씀을 드리며 정년 없이 미래의 꿈을 펼칠 수 있는 강사 세계의 문을 열 수 있는 기회의 창이 되었으면 합니다.

2024년 靑龍의 해 신년 元旦

박병진

CONTENTS

CHAPTER 3

포스트코로나는 끝을 의미하지 않는다 박용진

CHAPTER 4

끊임없이 도전하며, 성공하는 나의 삶을 만들어갈 것이다 박현주

CHAPTER 5

엠스토리 송경숙

CHAPTER 6

물망초 삶을 꿈꾸며 이기자

CHAPTER 7

기쁨의 단 이문재

CHAPTER 8

삶의 꽃이 되어 준 역사문화 탐방기 이순희

CHAPTER 9

진정한 '삶의 목적'을 찾아서 장선아

CHAPTER 10

음악과 함께하는 내 삶의 여정 한상열

CHAPTER 1

못난 삶은 하나도 없다

김은희

Mobile
010-6204-7776
Email
0707cheese@gmail.com

학력 및 경력사항

- 가톨릭대학교 성모병원 약제부
- 신세계 약국
- 성바오로 약국
- 고려대 명강사 최고위과정 18기 재무국장

강의 분야

- 힐링, 소통, 행복론

자격 사항

- 명강사 명강의 1급
- 부모교육상담사 1급
- 노인교육강사 1급

저서

- 명강사 25시(공저)

엄마와 오빠

청춘이라는 단어는 언제 들어도 가슴 설레고 아름답다. 나 역시 모든 아름다움과 삶의 에너지가 하나로 표현될 만큼 스무 살 청년기는 무척 행복하고 평화로운 시기였다. 인생의 달콤함이 한가득 몰려와 이내 기쁨으로 그 느낌들을 음미하며 그윽한 기분을 한껏 만끽하며 살았다.

이후, 직장에 들어가자 어느덧 다람쥐 쳇바퀴 돌아가는 일상들이 시작되었다. 하루하루 반복되는 직장생활 속에 무엇 하나 부럽지 않게 지내고 있을 무렵 나의 행복을 질투라도 하듯 크나큰 슬픔이 내 앞에 놓였다. 한없이 사랑하던 엄마가 어느 날 돌아가셨다. 사랑하고 존경하며 늘 친구처럼 의지했던 엄마의 빈자리는 세상이 무너지는 큰 아픔이자 슬픔이었다. 엄마가 돌아가시자 내 안에는 형언할 수 없이 큰 구멍이 생겼다. '난 이제 어찌할꼬.', '누굴 믿고 의지하며 살아가야 하는가.'

엉망진창으로 헝클어진 마음, 그리고 슬픔을 어떻게 감당해야 할지 몰라 난 그만 엄마 따라 세상을 저버리고 싶다는 생각으로 가득했다. 아직 꽃다운 나이였지만 극단적인 생각들뿐이었다. 그리고 눈물이 일상 되어 떠도는 슬픔의 파도를 하루하루 아무도 모르게 삭이며 보내곤 했다. 엄마의 얼굴을 가슴 한편에 감추고 마음을 추스르며 그저 시간이 가기만 바랐다. 참된 그리움이 무엇인지 어머니를 여의고야 알게 되었다. 허공 속에 밀려오는 그 이름 "엄마~!"에는 하늘같이 큰 사랑이 가득히 담겨 있다. 봄 어느 자락 바람이 주는 선선함이 그리움의 편지가 되어 내 마음에 적시노라면 언제나 떠오르는 이름에 나는 늘 마음을 둘 곳을 모른다. 다행이랄까 항상 곁에 있었던 여동생과 늘 챙겨주는 의젓한 오빠가 나의 정서적 안정에 큰 힘이 되었다. 만약 형제들이 없었다면 허튼 생각에 빠지지 않고 온전히 생활할 수 있었을지 지금 생각해도 고마운 마음들이다.

몇 년이 지나 오빠가 결혼한다는 소식을 전했다. 오빠가 비로소 새 가정을 이룬다는 기쁨과 항상 큰 기둥이던 오빠를 가까이서 볼 수 없게 된다는 아쉬움이 교차했다. 그리고 엄마의 빈자리가 다시금 스펀지처럼 확~ 스며왔다. 반면 공허함과 외로움을 받아들여야겠다는 생각도 교차했다. 엄마를 따라간다고 진정 그것이 엄마가 바라는 바일까? 오빠가 결혼하는 것은 우리 곁을 떠나는 것이 아니라 더 큰 행복을 찾아가는 것이라 마음의 생각을 바꾸었다. '내 인생을 스스로 책임지며 열심히 살아가는 모습이 엄마가 저 천국에서 바라는 참 행복일 거야!'

오빠에 대한 그리움과 고마움

오빠에 대한 애정이 남다름에는 까닭이 있다. 둘째 오빠는 나에게 새끼손가락처럼 아픈 오라버니다. 나와 형제, 자매에게는 큰 은인이다. 다소 무뚝뚝하긴 하지만 우직하고 동생들을 끔찍이 위해주고 사랑해준 오빠다. 청년기에 어머니를 일찍 여위어 자신이 어려운 환경을 책임져야 함에도 한 번도 동생들을 소홀히 여기지 않았다. 아래로 셋이나 되는 동생들의 학비를 중, 고등학교 내내 한 번도 빠지지 않고 아빠와 엄마가 없던 빈자리를 대신해 내주던 고마운 오빠다. 본인도 살아가기 힘든 와중에 자신의 역경을 극복하면서 가족 부양에 혼신을 다했다. 청년이 되어서는 서울에 있는 유명 호텔의 주방장으로 일하는 행운도 따랐다. 숙박업계의 치열한 환경과 경쟁 속에서 바닥의 삶을 이겨낸 데에는 오빠만의 책임감과 성실함, 최선을 다하는 노력이 있었기 때문일 것이다.

"오빠"라는 자신의 진정한 자리를 다해 주던 그리운 오빠다. 다른 집에는 요새 오빠가 동생들의 뒷바라지까지 하는 경우를 좀처럼 보기 어렵다. 어른이 되어 보니 감히 오빠가 지녔을 마음의 짐이 얼마나 되었을지 상상이 안 간다. 결혼 후에도 두 가정을 세워가며 부담이 얼마나 컸을까? 생각하면 마음 아프기 그지없다.

오빠는 결혼 후 언제부턴가 아프기 시작했다. 아픈 와중에도 동생들을 자주 찾아와 보고 간다. 올 때마다 늘 동생들을 이끌고 인근의 맛집을 찾아 동생들을 위로하고 격려를 아끼지 않았다. 무뚝뚝한 모습에 동생들의 이야기와 너스레들을 웃음으로 들어주던 모습. 하지만 몸이 병들어 가면서도 끝내 동생들에게 약한 모습 한번 보이지 않던 분이셨다. 어느 해 여름엔 동생들에게 삼계탕을 끓여 주겠다며 집으로 불러서 한 그릇씩 잔뜩 챙겨주며 "맛있어?"라고 되물으며 실컷 먹으라고 토닥여 주던 흐뭇한 기억이 생각난다. 나중에야 안 일이지만 오빠의 병증은 그 무렵 점점 심해졌었다. 그 후 얼마 지나지 않아 오빠는 12~13년 동안을 통원으로 경희대 의료원 응급실을 오가게 된다. 입원과 퇴원을 반복하면서 얼마 되지 않는 일생의 마침표를 찍었다.

오빠는 2018년 3월 19일 아침 6시 50분에 아픈 세상의 멍에를 내려놓고 부모님 품으로 가셨다. 오빠는 오랜 투병 기간 동안 힘겨운 병상의 고통과 가족, 동생들의 부담을 덜기 위해 작별하고 싶어 했나 보다. 어느 날 언니가 "호스가 빠져 있다."라는 이야기를 해주어 알게 되었다.

하염없이 흘러내리는 눈물.

눈물.

가슴을 도려내는 아픈 소식이다.

장례식을 가족장으로 마치고 떨어지지 않는 발길을 돌렸다. 이별이 갈라놓는 다시 보지 못할 길을, 건널 수 없는 먼 길을 오빠가 떠났다. 살아가는 것은 때로 북받치는 듯한 슬픔을 마주해야만 한다.

나는 주체할 수 없는 눈물을 삭이며 이번에도 일상의 시계를 간신히 제자리에 내려놓는다. 두 언니들이 번갈아 가며 내가 혹시 힘들어 할까 봐 매일 전화를 해서 안부를 묻는다. 이별의 아픔과 위로가 상반되는 가족의 힘을 실감한다. 언니들도 많이 힘겨웠을 텐데 동생을 먼저 위로한다. 중학교에 다니는 아들도 "엄마 그렇게 밥도 안 먹고 울고만 있으면 외삼촌이 하늘나라로 못 가시잖아요. 엄마 슬픔에 삼촌이 차마 마음 편하시겠는지." 독촉한다. 벌써 겨울이지만 이내 벚꽃이 필 때면 오빠가 그립고 많이 보고 싶을 것이다.

치즈

엄마와 오빠에 대한 그리움으로 허구한 날 풀이 죽고 힘없이 지내기 일쑤였다. 그러는 내가 어지간히 안쓰러웠던지 무뚝뚝한 아들이 어느 날 강아지를 한 마리 들여와 건네주었다. 그런데 웬일일까? 강아지를 본 순간부터 나는 강아지와 친밀감을 느끼기 시작했다. 할머니에 대한 그리움을 달래라고 선물해준 아들의 정성도 고마웠지만 무엇보다 강아지가 들어오면서 예전에 비해 집안이 정서적으로 훨씬 풍요로움을 느낀다. 강아지를 들여오던 날 이름을 뭐라 지을까 고민하던 중에 아들에게 물어보았다.

"댕댕이."

"복슬이."

"희순이."

몇 개를 불러주는데 영~~ 촌스러웠다.

강아지의 이름을 내가 "치즈"라고 지었다. 하얀색의 깃털이 너무나 예쁘다. 많이 있는 이름도 아니고, 하얀 털 색에도 제법 어울린다는 생각도 든다. 갈색이었으면 "초코"라고 지을 생각이었다. 검정털이라면 "콩이"가 어울렸을 듯하다.

아들이 강아지를 선물해준 덕분에 나는 강아지(치즈)를 딸처럼 키우며 많은 것을 깨닫고 배우며 생활한다. 이제는 너무 사랑스러운 나머지 나의 안식처나 다름이 없다. 치즈가 나의 행복 바이러스 전도사가 되어 재미가 한층 늘게 된 것이다. 치즈로 일상에 즐거움이 더해 간다.

이상한 경험

2015년 5월 우리나라에 메르스 첫 환자가 발생했었다. 온 국민은 공포와 불안감에 떨었다. 나 또한 그해 6월 무렵 메르스 이상으로 무섭고 엄청난 운명의 갈림길에 놓였었다. 직장과 육아에 지친 내게 무기력과 우울감이 맴돌았다. 그 누구도 만나고 싶지도 않고, 그저 내 생활에만 고스란히 몰두하고 싶었다. 남편도 아들도 다 싫었다. 지친 생활에 변화가 일어난 건 그때였다.

어느 날, 저녁을 먹고 난 후에 갑자기 목이 너무 아파 진통제를 먹고 일찍 잠들었다. 새벽 2시경에는 기도가 막혀 숨쉬기가 너무 힘들고 죽을 것만 같았다. 난 부랴부랴 옷을 갈아입고 밖으로 뛰쳐나갔다. 그리고 겨우 찬 공기를 한숨 들이마셨지만 안 되겠다 싶어 남편과 함께 급히 인근 병원의 응급실로 향했다. 병원에 도착하였지만 왠지 이게 마지막이라는 느낌이 들자 나는 둘째 언니에게 급히 마지막이라 생각하고 통화를 했다. 떨리는 목소리로 "언니 그동안 너무 고마웠어~!" 하고는 정신을 잃어버렸다. 남편, 아들과는 작별인사도 못 하고 말이다.

그런데 이상한 경험이 시작됐다. 예쁜 천사들이 내 몸을 잘 다듬어서 모양 좋은 사람을 만들고 있는 것이 아닌가. 그러더니 "자~! 다 됐으니 이제 가도 돼." 하며 불빛 터널을 뚫고 나를 내보내는 것이었다. 신기한 경험 후 난 정신이 돌아왔다. 시간이 얼마나 흘렀는지 모르지만 의식이 돌아와 보니 눈과 몸은 멀쩡하지만 목에는 무거운 삽관을 끼고 병실의 베드에 누워 있는 것이 아닌가. 집중 치료실이었다.

눈을 감고 간절히 기도만 했다. 아들 생각에 그저 꼭 살아야만 한다는 생각으로 가득했다. 밉다가도 예쁘기 그지없는 불쌍한 아들을 두고 도저히 눈을 감을 수가 없었다. 저 어린 애에게 엄마가 겪었던 똑같은 상실감의 아픔을 마주하게 해서는 안 된다는 일념뿐이었다. 아들 생각에 계속 눈물만 흘리며 잠을 잤다. 응급실과 중환자실, 일반 병실 입원이 반복되며 7일 동안 입원해 있다가 마침내 퇴원을 해서 집에 돌아왔다. 그러나 나만 걱정한 것이다. 아들은 무덤덤하니 자기 방으로 휭~~ 들어가 버렸다. 서운하지만 살아있고 가족을 만났으니 다행이다.

결혼

요즘 젊은 세대들은 결혼에 대한 강박관념이 없다. 도리어 비혼이 늘고 있는 추세다. 핵가족화에 따른 대가족의 붕괴를 넘어 인구 감소로 몇십 년 뒤면 대한민국이 사라질 위기라는 말도 있다. 여성가족부 발등에 불이 떨어졌다. 그런데 나 자신도 그렇지만 지금의 시대, 그리고 이 도시에서 서로 다른 행성인 "목성의 남자와 금성의 여자"가 조화를 이루는 것은 여간한 노력이 아닐 수 없기 때문이다.

엄마를 여의고 오빠가 결혼한 뒤 안정된 생활과 행복을 찾기 위해 나는 결혼을 준비했다. 좋은 배우자를 만나 다시금 사랑받는 삶을 사노라면 그리움과 갈망하던 것에 조금이나마 도움이 되지 않을까 하는 회피본능이었을까. 결혼하여 행복한 가정을 꾸리고 싶었다. 하지만 결혼하고 난 후 마주하는 현실은 내 생각과는 판이하게 달랐다. 직장도 너무 좋은 직장이라 그만둘 수 없었다. 서로 다른 삶의 방식들이 만나

하나가 되는 것은 만만치 않은 도전임을 인식하지 못한 애송이였다.

백년해로 하자며 결혼한 남편과는 신혼 때부터 계속 사이가 좋지 않았고 생활 패턴이 다른지 자꾸 삐걱대기 시작했다. 작은 불평과 불만은 갈등으로 이어져 서로에게 상처를 주는 신혼생활이 되었다. 힘들고 지쳐 난관에 종종 부딪히곤 했다. 하지만 내가 선택한 길이라 누구에게 하소연도 못 한 채 끙끙 앓았다. 누가 그랬던가? 결혼은 미친 짓이라고! 원만한 결혼 생활이 언제까지 유지될지 모르겠다. 난 하늘을 쳐다보며 소리 내어 외쳐본다. "엄마가 보고 싶다고…."

여느 선남선녀가 그렇겠지만 우리도 마찬가지였다. 그런데 어느덧 23년이 지나 남편도 이제 백발이 되어 있다. 둘 다 열심히 살아 왔다. 지지고 볶으면서 좋아서 만나 지금은 귀찮은 존재인 듯 부부들의 살아가는 방법은 거의 비슷하다. 어느 때는 쳐다보기도 싫을 정도로 미웠다가도 어느 때는 안쓰럽고 애잔하여 보기 안쓰럽다. 원수 같기도 하다가도 아이 아빠라 시간이 지나면 다시 애정이 살아나는 것이 사랑 세포들이다.

"부부 싸움은 칼로 물 베기"라는 옛말은 살아 보니 그런 것 같다. 나도 무지하게 많은 고비들이 있었지만 서로 조금씩만 배려하고 존중해 주면 괜찮을 듯하다. 요즘 사람들은 이혼을 너무 쉽게 마치 유행처럼 생각해서 안타깝다. 날씨만큼 변덕스러운 부부애는 대한민국 공통 가정 영화다. 어젯밤 소나기가 쏟아졌다가 오늘 언제 그랬냐는 듯 쨍쨍한 날씨와 왜 그리 똑같은지. 결혼을 할 예비부부들도 나와 거의 흡사한 과정을 거칠 것이다. 신혼의 달콤한 연주가 다음 날부터 삐걱대는 걸. 하지만 반대로 다음 날은 비 갠 아침의 오후와 같다.

남편과의 관계가 무난히 잘 넘어가는 걸 보니 나도 이제 나이가 들어가고 있구나! 잘 참아준 남편에게 고마움을 느낀다. 요즘 주위에서 남편들이 기도 제대로 못 펴고 사는 걸 보면 안쓰럽기도 하고 불쌍해 보일 때가 있다. 그래도 내 남편은 그런 구박은 아직까지 받지 않으니 천만다행이다. 건강하게 잘 지냈으면 한다. 건강이 재산이니 스트레스 덜 받고 행복하게 잘 지내는 것도 서로를 위한 길이겠다.

살아 보니 인생은 그리 어렵지 않다. 행복도 아주 가까이에 있다. 생각하기 나름이었던 것이다. 자기 스스로 만들어 가는 것이다. 나도 오늘 지금이 더 행복하다.

내일 비가 오더라도 또 날이 갤 것을 알기에 더도 말고 덜도 말고 지금처럼 앞으로 잘 살아가기를 바라본다. 내년부터는 남편도 자유롭게 여행 다니고 여유를 찾으며 살겠다고 선언을 했다. 나도 지금의 직장을 앞으로 5년 정도는 더 다니지 않을까 생각한다. 일하는 게 재미있는 나는 젊은 사람 못지않게 최선을 다하고 있다. 이제 내 인생에 올인 하고자 하는 마음으로. 며느리, 아내, 엄마로서도 게을리하지 않았기에 후회도 없다. 규칙적으로 건강하게 생활하며 행복하게 잘 살 거라 믿는다. 남편도 요샌 부쩍이나 "당신 같은 여자는 없다."는 말을 자주 하곤 한다. 오래 살고 견디고 볼 일이다. 진짜 힘들 때 서로 위해주는 건 부부밖에 없다.

아들

자식과 부부의 인연은 어디까지나 평행선이라는 말을 들은 적이 있다. 나에게는 하나밖에 없는 귀한 외아들이 있다. 결혼 후 아들을 갖고 아이를 처음 만났을 땐 감격과 감동에 젖어 있었다. 나의 심장이라 여기면서 하루하루를 보냈다. 나에게 아들은 남편과 다툼이 있을 때나, 어떤 어려움으로 힘들 때마다 그 어려움을 이겨내는 원동력이었다. 그런데 사노라면 시련들은 거쳐 가는 일인가 보다. 내 아들만은 그러지 않겠지? 설마 사춘기는 무슨 사춘기냐. 나도 남편도 사춘기라는 단어조차 생각하지 않고 자라왔기에 사춘기라는 청소년기 질풍노도의 시절 자체를 아예 하지 않을 터라는 선입견의 충격이 더 컸다는 생각이 든다. 선머슴처럼 순진하고 착하게 지내던 시간도 잠시, 코로나 무렵부터 아이의 돌발행동이 이어졌다. 별 탈 없이 잘 지내던 아들은 초등학교를 잘 보내고 코로나가 시작되던 즈음 사춘기가 맞물리며 힘든 시기를 보냈다.

착하던 아들은 잘하던 공부도 하기 싫다고 투정을 부리기 시작하였다. 반항기 있는 행동들이 하나둘씩 늘어나면서 과연 이 아이가 내가 낳은 자식이 맞나 싶을 정도로 힘들어졌다. 모든 부모가 자식이 속을 썩일 때는 마음 둘 곳 없어 어디에 하소연도 못 한다. 많이 울기도 하고 남편 원망도 많이 했다. 내가 왜 이런 고통을 받아야 하는지. 서럽고 속상하여 가까운 지인들에게 위로라도 받을 겸 얘기하면 돌아오는 말이라곤 "그래도 학교만 잘 다녀도 성공"이란다. 하지만 자식 키우는 부모 심정이 다 그런지 내가 욕심이 많은지 몰라도 기대도 크고 자식에 대한 간절한 바람은 놓을 수가 없었다.

아들과 부딪히기를 반복하면서 소진되는 감정은 전부 내 몫이었다. 그렇게 몇 해가 지나고 코로나도 감기처럼 여겨지며 무뎌지는 현실을 겪으면서 아들과의 관계도 조금씩 나아지는 것 같다. 다행이다. 조금씩 커가기는 하는가 보다. 중학교 다니면서 키만 불쑥 크더니 요새는 마음도 조금씩 자라는 모양이다. 아들이 엄마 비위도 맞춰주고 삐져 있으면 와서 달래 주기도 하고, 이제는 거꾸로 되는 것 같다. 딸처럼 가끔 애교도 부리고 말이다. 요즘 나는 갱년기가 한창이라 브레이크 망가진 것처럼 직진이다. 그런데 아들이 의젓한 심성을 회복하지 못할까 봐 얼마나 걱정을 하고 살아왔는지 모른다. 다행히 이제는 제법 성인이 되어 가는 걸 보니 돌아가신 엄마가 생각난다. 엄마는 7남매나 키우셨는데 얼마나 고생이 많으셨을까. 나는 자식 하나 키우는데 이렇게 힘들고 삶이 고달픈데 말이다. 엄마가 많이 보고 싶고 대단하게 느껴진다.

다시 일어서서

남편과의 관계도 다소 원만해지고, 아이도 자라 제법 의젓해지던 무렵 아이가 분양받은 치즈가 우리 집에 들어왔다. 가끔 치즈를 데리고 부모님이 계신 곳 갈월사에 가면 난 항상 엄마에게 말을 건네곤 했다. 다음 세상에는 은희 딸로 태어나 달라고 말이다. 정말 아껴주고 사랑해주고 잘해줄 거라고…. 이런 말들이 통했는지 치즈가 나에게 찾아온 게 아닌가!! 나는 치즈를 엄마처럼 생각하며 살아가고 있다. 힘들고 지칠 때 외로울 때 기쁠 때나 슬플 때 많은 대화를 하며 위안을 더하며 살았다. 비록 인간은 아니지만 가족처럼 내 곁에서 함께 살 수 있는 자체만으로도 행복하다.

엄마처럼 따르는 치즈가 들어오면서 가족은 하나 더 늘었다. 이 좋은 세상 건강하고 재밌게 살아야지 하는 마음도 부쩍 들었다. 구체적인 계획들을 디테일하게 세우기 시작했다. 건강한 몸을 위해 나는 열심히 운동하고 체력 보강을 위해 먹는 것도 잘 챙겨 먹고 규칙적인 생활을 하기 시작했다. 주말이면 남편과 등산을 가기도 하고 자전거도 타고 나름 열심히 살아가고 있음을 증명이라도 하듯 달라진 하루의 일상들이 이어져 갔다.

모든 사람은 누구나 죽음을 맞이하게 된다. 두려워하지 말고 최선을 다해 살다가 나중에는 '잘 살았구나.'라는 마음이 들도록 말이다. 마음이 울적하거나 엄마가 보고 싶어질 때 나는 긴 여정을 떠난 듯 음식을 만들어 양평에 있는 갈월사에 가서 마음을 달래곤 한다. 부모님과 둘째 오빠도 계신 곳이다. 그곳은 언제나 편안하고 기분이 좋아지는 곳이다. 지금도 엄마를 생각하면 가슴이 뭉클해진다. 엄마와 오빠가 많이 보고 싶고 그립다. 나는 양쪽 부모님이 다 돌아가셔서 그런지 부모님 계신 지인들이 부럽다. 살아계셨더라면 얼마든지 잘할 수 있는데 왜 다들 빨리 가셨는지. 야속하기만 하다. 후회하지 말고 부모님이 살아계실 때 잘하라고 지인들에게 이야기한다.

행복은 멀리가 아닌 아주 가까이에 있다. 내 가슴속에서 나오는 것이라는 생각이 든다. 욕심을 버리면 못난 삶은 하나도 없다. 요즘 시대가 많이 변해 버렸지만 도리와 예를 벗어나지 않는 그런 삶이면 좋겠다. 많은 지식보다 정 많고 서로 돕는 사람들이 좋다. 인간미가 느껴지고, 계산적이지 않은 그런 삶, 그런 가족, 지인, 친구들은 평생 보장되는 진실한 보험이나 마찬가지다. 올 한 해도 주위를 둘러보며 후회스러운 행동을 하지 않았는지? 마음에 상처를 주지 않았는지? 무엇보다

가장 가까이에 있는 가족에게 소홀하지 않았는지 되돌아보고 싶다. 욕심을 내지 않고 가볍게 다듬고 가꾸는 노년의 삶이 아름다워 보인다.

고려대 명강사과정

얼마 전부터 고려대 명강사 최고위 과정에서 공부하고 있다. 하지만 직장을 다니면서 배운다는 것은 쉬운 일은 아니었다. 이제 수료까지 절반가량의 학업이 진행되었다. 생활이 안정되고 행복감에 충만할 무렵 무언가에 빠지고 싶은 긍정적인 마음이 들곤 하였다. 그즈음 한 지인이 나에게 물었다. "고려대 명강사 최고위 과정이 있는데 거기 가서 한번 배워보지 않겠니?" 나는 망설임 끝에 그 과정에 도전하기로 마음을 잡고 등록신청을 하였다.

2023년 10월 16일 개강일!

난 설렘 반 기대 반의 마음으로 들떠 고려대 강의실에 들어갔다. 막 강의실의 문을 열려는 순간 아들에게서 한 통의 전화가 걸려 왔다. 그런데 왠지 전화를 받기도 전에 불길한 느낌이 들었다. 받을까 말까 하다 전화를 받는 순간 이건 무슨 운명의 장난인가. 아들의 다급한 목소리가 내 머리를 망치로 내리친 것처럼 둔탁하게 내리쳤다. 아들 말에 의하면, 내가 딸처럼 키우고 있는 강아지가 큰일 났다는 거다.

강아지 치즈가 너무 위급하다는 말에 나는 몹시 불안하여 몸이 얼음처럼 굳어 버렸다. 전화를 받으면서 강의실에 들어온 나는 동료들과 인사할 겨를도 없이 이런저런 생각에 머리가 헝클어졌다. '이 강의실에서 있어야 하나.', '집에 가야 하나.' 발만 동동 굴렀다. 괜찮겠지 하면서 아들한테 맡기고 몸은 강의실에, 마음은 오직 강아지 생각에 빠져 있었다. 겨우겨우 O/T를 무사히 마치자마자 난 강아지가 있는 동물병원

으로 달려갔다. 병원 침대에 누워있는 우리 치즈를 보는 순간 난 부둥켜안고 엉엉 울기 시작했다.

빨리 오지 못해서 미안하고 무책임하게 행동한 내 모습이 너무 창피했다. 며칠 입원한 후 다행히 호전되어 통원치료를 하면서 치즈는 건강을 되찾아 갔다. 지금은 아주 건강하고 행복하게 잘 지내고 있어 너무 행복하게 생활하고 있다.

늘 학교와 직장을 헐레벌떡 정신없이 뛰어다니는 중이다. 하지만 힘든 것보다는 보람의 소득이 훨씬 크다. 나 자신에 대한 대견함이 우선이고 엄마이자 아내를 응원해주는 가족의 성원에 감사하다. 더욱 단단해지고 견실해가는 자신과 이 보람의 산물이 가족에게도 얼마나 큰 자양분이자 선물이 될까. 이렇게 좋은 교수님들과 원우님들의 인연으로 최선을 다해 올 수 있었다. 열심히 다니며 한 달 남짓 남아 있으나 시작이 절반이라고 9부 능선을 지난 느낌이다.

세계적인 그룹 힐튼 호텔의 창시자 콘라드 힐튼은 이렇게 말했다.

"평범한 5달러짜리 쇠막대기를 그대로 팔면 7달러 정도나 받을 것이다. 그러나 그 쇠막대기로 말발굽을 만들면 10달러 넘게 받을 수 있고, 바늘을 만들면 3천 달러 넘게 벌 수 있다. 또한 이것으로 용수철을 만들면 250만 달러를 넘게 벌 수 있다."

이처럼 사물에 가치를 부여하면 훨씬 유용하게 사용될 수 있다. 고려대 명강사 과정도 그간 내가 가진 경험과 생각의 토대에 보다 더 유용한 기술과 가치를 부여하고 있다. 이런 좋은 인연들을 만나고 배움의 길로 인도해 주신 고려대 명강사 17기 김유진 원우 회장님께 깊은 감사의 말을 전하고 싶다.

이 배움의 길에서 공저로 참여할 수 있어 영광이다. 독자 여러분들도 항상 건강하고 행복한 삶을 누리시길 바라며 모두 건강하세요.

CHAPTER 2

확고한 안보 태세 유지, 국가 위기에 대비하는 안보보험

박범진

Mobile
010-6371-3250
Email
seaking863@gmail.com

학력 및 경력사항

- 고려대학교 명강사 최고위과정 18기 원우회장
- 예비역 해군대령 / 해군 사관후보생(OCS) 86기 임관
- 국민대학교 정치외교학(안보전략) 박사 수료
- 경남대학교 행정대학원 행정학 석사
- 한남대학교 정치외교학과 정치학사
- KAIST 문술미래전략대학원 국가미래전략고위과정(ASP) 3기 수료
- 경희대학교 경영대학원 안보전략 겸임교수
- 대한민국재향군인회 안보교수
- 한국해양전략연구소 객원연구위원
- 한국군사문제연구원 군사연구위원
- (사)이어도연구회 연구위원
- 아주경제 / 중도일보 / 충남일보 / 국제뉴스 / 뉴스1 / 국방일보 / 문화저널21 / 코나스넷 안보칼럼니스트
- 前 (사)해군OCS장교중앙회 사무총장

강의 분야

- 안보전략 / 해양안보 / 국제정치 / 국방정보 / 북한학 / 안보통일
- 민방위 · 재난안전 / 리더십 / 軍 복무설계·진로설계 등

자격 사항

- 일반행정사(행정자치부), 국민안전지도사 1급, 재난안전관리사
- 지진안전교육강사, 인성지도사 1급, 명강의명강사 1급
- 리더십지도사 1급, 기업교육강사 1급, 평생교육강사 1급

수상 내역

- 대통령 표창, 국회 국방위원장 표창, 대통령경호실장 표창
- 국방부장관 표창(2회), 합동참모의장 표창, 국방정보본부 표창(5회)
- 해군작전사령관 표창, 美 육군 501정보여단장 감사장 등 총 21회 수상

저서

- 학술지 논문 2편
- 명강사 25시 / 공저, 나비의 활주로(2023)
- 해군일화 제11집 / 공저, 해군본부(2023)

북한 핵·미사일 위협에 대비한 완전하고 실질적인 대응체제 구축 긴요

북한은 지난 2019년 베트남 하노이 북·미 2차 정상회담 결렬 이후 4년간 핵무기 능력 고도화를 추진해 오고 있는 가운데 최근 핵탄두의 소형화/경량화(화산-31형) 완성, 다양한 핵무기 투발 수단(KN-24 단거리탄도미사일(SRBM) 등 8종) 확보, 무기급 핵물질(기습 발사 가능한 고체연료) 다량 생산, 핵무기 지휘통제체계인 핵방아쇠(핵단추)를 구축하는 등 실질적인 핵 타격 능력 목표 달성과 더불어 핵전쟁 수행 태세를 완비함에 따라 한반도 안보 상황 신호등이 적색등으로 켜진 지 오래되지 않았다.

지난 2022년 한 해 동안 KN-24 단거리탄도미사일(SRBM)부터 대륙간탄도미사일(ICBM)까지 다종다양한 미사일을 80여 회 시험 발사하였고 남한에 대한 선제 핵공격 전략인 핵무력정책을 법제화하였으며 2023년 4월 현재까지 근거리탄도미사일(CRBM)부터 대륙간탄도미사일(ICBM), 잠수함발사탄도미사일(SLBM)을 발사하고 핵어뢰인 핵무인수

중공격정(해일)과 장거리 전략순항미사일 핵탄두 모의 수중/공중 폭발 시험까지 다종화·소형화·경량화된 핵·미사일을 시험함으로써 대남 핵 도발/공격 위협 수준을 급상승시켰다.

최근 러시아-우크라이나전쟁 상황하에서 러시아 푸틴대통령은 저위력 전술핵무기 사용 카드위협과 친러국가인 벨라루스에 전술핵무기와 전략폭격기 배치를 발표함에 따라 김정은으로 하여금 전술핵무기 사용의 모방행동 위험성이 예상되는 가운데 지난해 6월 북한 전방 지역 전술핵 운용부대를 대상으로 중요 군사행동계획을 하달하였다. 이는 유사시 남한과 주일미군 기지가 위치한 일본에 대한 전술핵무기 공격 가능성이 어느 때보다도 심각함을 보여주고 있어 북한의 핵 공격 위협은 상당한 수준으로 심화되고 있는 실정이다.

북한 화성-18형 ICBM 발사훈련 장면(자료 : 연합뉴스)

북한은 "2023년 핵무력 및 국방발전의 변혁적 전략"의 기본방향으로 전술 핵무기의 다종 대량생산과 보유를 포함한 국방력 강화 4대 목표(핵 교리의 구체화로 실전 전력 유지, 극초극초음속미사일 / 장거리탄도미사일 / 잠수함발사 탄도미사일(SLBM) 전력화, 전술핵무기 보유 수량 확대, 군 정찰위성 개발)를 제시함에 따라 한반도 안보정세는 러시아-우크라이나전쟁의 지속과 미중 전략경쟁 심화 등 자유민주주의 국가연대와 중국·러시아·북한 등 전체주의 국가연대 간의 신냉전 상황과 연동되는 불안정한 상황으로 급격히 전환되고 있다.

이에 따라 실전적이고 고도화된 북한의 핵·미사일 위협 대응 차원에서 우리는 수년 전부터 한국형 3축체계(Kill Chain, KAMD, KMPR)를 구축하여 작전 운용 태세 강화 및 대응 역량의 획기적인 강화를 구축하고 있으나 완벽한 핵 공격 억제와 핵 방어 자체가 불가능함에 따라 실질적인 대응책 강구는 아무리 강조해도 지나침이 없다고 본다.

우선 사전대응 중심인 한국형 3축체계의 지속적인 능력 보강 추진과 실현 가능한 자체 핵 공격 억제 방안을 함께 강구하는 노력이 시급하다고 여겨지며 이에 대한 우리의 북 핵·미사일 공격 대응책 및 핵 억제력 강구 방안을 투 트랙 방향으로 제시하고자 한다.

먼저 첫 번째 트랙인 한국형 3축체계 능력 보강 측면에 있어서 첫째, 현행 지상 기반의 중·저고도 하층/중간 비행단계 미사일 요격체계인 KAMD체계(PAC-2/3, 천궁-Ⅱ, L-SAM, THAAD)의 운용 한계성 극복을 위해 기동성과 생존성이 뛰어난 해상 기반의 고고도 중간 비행단계 해상

요격 미사일인 함대공 SM-3(요격고도 70~500km/이지스구축함 탑재) 도입을 지속적으로 추진해야 한다.

이는 유사시 적 미사일 공격으로 인해 무력화가 예상되는 현재의 지상기지 중심의 취약한 미사일 요격체계를 탈피하여 생존성과 기동성이 보장되는 해상 기반의 요격체제를 동시에 운용함으로써 신뢰성과 안정성이 확립된 KAMD체계로의 운용이 가능하며 또한 한·미·일 간 미사일 정보공유체계 기반의 효율적인 한·미·일 통합 미사일방어(IMD) 구축 대응이 가능하다는 점이다.

최근 적 단거리탄도미사일(KN-24)과 극초음속미사일(KN-23) 요격이 가능한 중고도 해상요격체계인 SM-6(요격고도 35km/정조대왕급 이지스구축함 탑재 예정) 100여 발을 2031년까지 도입하기로 결정한 것은 다행이

미 해군 이지스구축함 SM-3 탄도미사일 발사훈련(출처: 미 해군 태평양함대사령부)

라 생각된다.

특히 SM-3와 SM-6 도입/운용을 통해 윤석열정부가 추구하고 있는 글로벌중추국가(GPS) 로서의 핵심적인 역할을 수행할 수 있으며 QUAD(미·일·호주·인도 4개국 안보협력체), AUKUS(미·영·호주 안보협의체) 등 미국 주도의 인도·태평양전략 구현을 위한 소다자형태의 글로벌 동맹네트 워크 구축에 적극 참여함으로써 우리의 국익을 신장할 수 있는 한국의 인도·태평양전략 구현에 한 걸음 다가서게 되는 기회가 될 수 있다는 점이다.

둘째, 종말비행 단계까지 공중 회피기동이 가능하여 현재의 수준에서 요격이 불가능한 적 극초음속미사일(KN-23/화성-8형) 요격을 위해 최적화된 대응 미사일체계인 GPI(Glide Phase Intercepter) 도입이 시급하다.

미국의 경우 패키지화된 극초음속 미사일 방어체계인 극초음속미사일 추적용 위성센서가 탑재된 소형위성 기반의 정밀감시체계(HBTSS : Hypersonical Ballistic Tracking Space Sensor)와 극초음속미사일 요격체계인 GPI, 미사일 내부 전자장비 파괴무기인 고출력 마이크로파 무기(HPMW : High Powered Microwave Weapon) 개발 완료 시 실전 배치할 예정으로 있어 우리도 향후 긴급전력으로 확보하여 운영해야 할 것이다.

셋째, 한국형 대량응징보복체계(KMPR) 보강을 위해 국산 극초음속미사일 개발 / 배치와 사이버전자기파를 이용한 네트워크작전 확장과 열압력탄 등 김정은지도부 타격을 위한 첨단 정밀공격무기 도입 및 체계개발이 필요하다.

최근 전 국민적인 최대 관심사가 되고 있는 독자적 핵무장 여론 확산과 미국 전술핵 재배치 및 NATO식 핵공유 방안 등이 현실적인 어려움으로 인해 실현 불가능하다고 인식됨에 따라 두 번째 트랙인 자체 북핵 억제능력 확보 추진에 있어 첫째, 핵무기 개발 잠재력 확보 차원에서 미국과의 한·미 원자력협정 개정 협상을 통해 사용 후 핵연료의 재처리시설 설치와 우라늄 농축 관련 자주적 권한 확보 노력이 필요하며 둘째, AUKUS(미·영·호주 안보협의체)를 통해 호주의 미국 해군 핵추진 잠수함(SSN) 6척 건조기술 지원 결정사례를 적극적으로 벤치마킹하여 우리도 인태지역의 핵심동맹국으로써 역할 수행을 자임하는 등 미국과 적극적인 협력을 추진하여 핵추진잠수함 건조기술 획득을 통한 해상 Kill Chain 자산인 핵추진공격잠수함(SSN)을 확보해야 된다.

셋째, 향후 2024년 계획된 미국 대선결과 트럼프 대통령 재선에 따른 우방국 핵우산정책 거부사태가 예상되거나 북한의 핵공격 굴복 요구상황 등 최악의 안보상황을 고려하여 핵확산금지 조약(NPT) 등 국제 레짐(regimes)을 위반하지 않는 범위 내에서 핵 인프라 점검과 핵 연구 인력 양성 및 핵 연구 지속 등을 통한 핵 잠재능력(Nuclear latancy) 유지가 반드시 필요하다고 본다.

넷째, 북한의 핵공격 위협에 불안해하는 핵심동맹국인 한국의 안전을 보장하기 위한 미국 확장억제정책의 신뢰성을 고양하기 위해 유사시 한반도에 전개하는 미 전략자산(전술핵무기 탑재 전략폭격기 · 핵전략잠수함 · 핵추진 항공모함타격단)에 대한 운용 권한의 한국군 이양 검토 또한 필요하다.

북한은 핵 재처리과정을 통해 이미 핵무기 9~18기 제조분량인 70kg 정도의 플루토늄과 상당량의 고농축우라늄(HEU) 등 핵물질을 확보하여 40~50개의 핵탄두를 포함한 13종의 탄도미사일/대구경 방사포를 보유하고 있어, 김정은이 추구하는 핵무기 보유 야망은 1인 독재체제를 공고히 하는 가운데 한미동맹체제 와해 및 한반도 적화통일이라는 최종 목표는 변하지 않고 있다.

또한 북한은 그들의 최종 목표인 핵 보유국으로서 국제적 인정과 핵무기 완성을 위한 7차 핵실험을 앞두고 있으며 핵·재래식무기의 동시 통합기습 공격 가능성에 따른 국가의 존망 위기상황에 직면해 있는 이때 민·관·군의 일체화된 국가총력전 체제하에서의 핵·미사일 공격 대응능력의 지속적 보강 추진과 자체 핵 억제능력 확보 유지에 적극 참여하는 등 국민들의 지혜롭고 강력한 대응 의지와 위기극복 자세 확립이 필요한 시점이다.

정전협정과 한미동맹 70주년에 맞이하는 한미동맹의 진화

2023년 7월 27일은 한반도가 정전협정을 체결한 지 70주년이 되는 해이자 한미동맹이 시작된 지 70주년이 되는, 매우 의미 있는 해이다.

한미동맹의 시작은 1950년 6월 25일 북한의 전면적 남침에 의해 전쟁이 발발된 이후 인천상륙작전 성공, 중공군의 참전, 1·4후퇴 등으로 전선에서의 세력균형이 형성되자 휴전회담에 대한 논의가 급부상하고 가운데 한국의 동의 없는 정전협정 체결 시 미국의 안전보장 없이 북한의 재남침 가능성이 큰 상황에서 당시 이승만 초대 대통령은 국가 존립을 우려하여 휴전회담을 반대하고 방공포로 석방 조치라는 벼랑 끝 외교전술을 구사함으로써 미국의 중대한 결심을 유도하는 성과를 거두게 되었다.

이어 1953년 8월 8일 서울에서 한국 측 변영태 외교부장관과 미국 측 댈러스 국무부장관 간 한미상호방위원조조약에 서명하여 가(假)조인한 후 그해 10월 1일 미국 워싱턴에서 정식으로 「한미상호방위조약」이 조인되었다. 북한 김일성의 남침공격에 의해 발발된 6·25전쟁의 위협으로부터 전쟁 재발을 억제하고 한반도를 포함한 동북아 지역의 군사적 위협에 대하여 한미양국 공동대응을 목적으로 결성되었다.

최근 러시아의 침략에 의해 발발된 러시아-우크라이나전쟁이 1년 이상 장기간 지속되고 있는 상황과 미·중·러 간의 전략경쟁 심화는 국제질서의 불확실성과 불안정성을 더욱더 고조시킬 가능성이 큼에 따라 의미하는 바가 크다. 북한은 1953년 정전협정 체결 이후 현재까지 크고 작은 도발행위를 비롯한 정전체제 무력화 시도를 끊임없이 지속하고 있다.

현재의 불안정한 정전체제 상황하에서 북한의 핵미사일 위협 대응에 있어 다행인 것은 지난 4월 한미정상의 워싱턴선언에서 발표한 새로운 확장억제시스템을 작동하기 위한 핵협력그룹(NCG : Nuclear Consultative Group) 운영과 미 핵전략자산(SSBN, 전략폭격기 등)의 한반도 정례적 전개활동이 이를 잘 보여주고 있다.

또한 북한의 핵·미사일 위협 대응 차원에서 한국형 3축체제(Kill Chain, KAMD, KMPR) 대응역량의 완전성 구축을 위한 지속적인 능력보강 추진과 핵 잠재능력 확보(원자력추진잠수함 보유를 위한 한미원자력협정 개정, 핵 연구인력 양성, 핵 농축·재처리기술 확보 등)가 무엇보다 긴요하다고 할 수 있다.

정전협정 이후 70년간 남북한 간에는 상호 평화공존 모색을 위한 6

차례의 정상회담이 열리는 등 여러 화해조치들이 있었지만 북한의 근본적인 무력 적화통일 야욕이 변화되지 않았다는 사실을 살펴볼 때 아직도 전쟁이 진행 중이라는 사실은 이를 입증한다.

금번 정전협정 70주년과 결을 같이하고 있는 한미상호방위조약은 군사적 측면을 초월한 다차원의 가치와 실질적 효력을 보유한 한미동맹체제를 규정하는 기본 토대이자 항도 역할을 이행하고 있는 주춧돌이라고 할 수 있다.

특히, 한미동맹 70주년에 맞이하는 한미상호방위조약의 위상을 살펴보면 첫째, 미국을 유일한 군사동맹으로 수용한 국제규범적 그릇으로 양자동맹·조약동맹·방위동맹·준영구동맹으로 규정하여 한미 양국민의 절대적 지지 아래에서 존속하고 있다. 둘째, 미국의 전진배치 전략을 뒷받침하고 한반도 정전체제 유지 및 안정화에 기여하는 등 주한미군과 한미동맹은 한반도 주변·남북한 간 안정자(Stabilizer) 또는 균형자(Balancer)로 기능을 수행하고 있다.

셋째, 한미동맹은 수평적이고 대등한 관계로 발전하여 자유민주주의와 시장경제라는 가치를 공유하며 정치·외교·군사·정보뿐만 아니라 경제·사회·문화교류 등 광범위한 협력범위와 수준을 확대해오고 있다. 특히 인권, 기후변화, 비핵·비확산, 대테러, 대해적, UN 평화유지활동 등 인류보편적 가치를 추구하는 글로벌 포괄적/전략적 동반관계로 업그레이드된 가치동맹으로서 가장 성공한 동맹으로 평가된다. 넷째, 북한 핵·미사일 문제 해결을 위한 추동력으로 진정한 평화체제 구축에 기여할 수 있는 북한체제 변화의 촉진자이자 국제공조체제 구축의 기반이 될 수 있으며 북한주민의 인권개선 지원과 향후 통일과정에서 북한의 대미/대일관계 개선과 국제사회 진출을 지원하는 등 북한의 안정적 변화를 추동할 수 있는 역할이 가능하다는 것을 알 수 있다.

이상 살펴본 바와 같이 굳건한 한미동맹은 우리의 자유와 번영을 지켜온 든든한 초석이며 과거 1인당 국민소득이 100달러 미만의 세계 최빈국이었던 한국을 70년 만에 세계 10대 경제대국이자 6대 군사강국으로 부상하게 한 원동력이다. 이는 현명한 지도자인 이승만 초대 대통령의 정확한 국제정세 인식에 의한 혜안과 통찰력을 바탕으로 탁월한 외교력을 발휘하여 당시 위기 상황에 놓여있던 대한민국을 "한미상호방위조약 체결"로 적극 활용하여 국가 발전의 모멘텀을 만들었기에 가능했던 것이다. 그리하여 70년 전 신(神)의 한 수인 "한미동맹"이 오늘날 확고하게 자리 잡게 된 연유인 것이다.

미래 100년 이상 지속가능한 발전의 진화하는 한미동맹 체제 발전 방안을 제시해 보면 현 군사동맹 위주의 동맹 체제를 글로벌 포괄적 전략동맹 체제로 발전시키기 위해 첫째, 1953년에 체결된 「한미상호방위조약」 문서상에 미국의 확장억제(NCG 운영 등) 조항을 개정안에 추가하는 등 동 조약의 명문화 조치를 통해 향후 예상되는, 트럼프와 같은 국제 비개입주의 성향의 미 대통령 당선사례를 고려한 선언 파기 가능성에 대한 완전성 대비가 필요하다.

둘째, 현행 한반도에 국한된 한미동맹의 활동 범위를, 급변하고 있는 중층적 국제질서 환경과 전략적 국익을 고려하여 다양한 영역의 지역·글로벌 차원으로의 전면적인 확대가 필요한 시점이다.

이는 사이버·우주 공간 영역으로의 활동 공간 확장과 경제안보 분야의 전략적 파트너십, 양자 컴퓨팅 등 첨단과학기술 분야 및 글로벌 이슈(기후변화, 국제 개발협력, 에너지·식량·보건안보 등)에 관련된 한미 양국의 주도적 역할 수행과 남중국해(항행의 자유 작전 참여)·인도양(전략자원 수송로), 북극해(해저 지하자원, 대체 항로 개발) 등 활동 영역 확장과 더불어 태평양 도서 국가들과의 연대 강화(해양개발 SOC, ODA 지원 등)도 반드시 필요하다.

셋째, 한미 핵협의기구(NCG : Nuclear Consultative Group)의 외교·국방장관/차관급 상설집행기구화(연 4회 운영) 제도화 구축 및 한미 연합연습(UFS, KR 등) 시 NCG 운용절차 연습(미 핵전략자산 직접 참가 등) 시행의 정례화 반영이 긴요하다.

넷째, 다차원의 북핵·미사일 위협 대응을 위해 일본, 호주와 확장억제 연대를 구축하고 6·25전쟁 참전국들과는 안보 협력 강화 등 가치의 규범, 개방형 경제 등을 공유하며 EU·ASEAN 국가들과는 인도태평양 전략에 참여하고 NATO+AP4(한국·일본·호주·뉴질랜드) 일원으로서 상호 운용성을 증대하는 등 미국과의 미래 가치동맹 발전을 위해 다자외교 안보 협의체 또는 네트워크 확대와 참여가 필요하다.

지난 70년간 한국은 6·25전쟁에 따른 폐허 속의 절대적 빈곤과 상존하는 북한의 남침도발 위협이라는 최상의 악조건 하에서, 한미동맹이라는 안전한 보호망을 바탕으로 건실하게 성장한 결과 이젠 세계 10위권의 경제대국이자 성공적인 선진민주국가의 반열에 우뚝 서게 되었다. 이를 가능하게 만든 것은 다름 아닌 한미동맹이라는 한반도 유일의 일체화된 안보 전략자산에 기인한다는 데 이의를 제기할 사람은 없다.

한미동맹의 주춧돌인 주한미군은 한반도 안보 수호의 억제자로, 한국 경제성장의 촉진자로서 유·무형의 역할을 수행했다. 또한 한국군의 군사력 건설 조력자로서 무기체계 무상원조와 군사 전술교리 지원 등 첨단 무기체계 기반의 자주국방 기틀을 완성해준 고마운 혈맹이자 동반자로서 지대한 역할을 수행했다.

한미 연합정보부대장 근무 시 美 육군 8군 카운트파트 부대 전우들과 함께(좌측 3번째 필자)

윤석열정부 출범 이후 한미동맹은 한국의 국격에 걸맞은 자유·평화·번영에 기여하는 글로벌 중추국가(GPS)를 지향하는 외교정책을 기반으로 지역 차원과 글로벌 차원을 포함하는 글로벌 포괄적 전략동맹으로 확대 발전시키기 위해 큰 변화를 추동하고 있다.

한미동맹은 현재의 대한민국을 있게 한 소중한 전략자산이다. "Fight Tonight", "We go together"라는 주한미군의 모토처럼 굳건한 한미동맹 체제하에서 상호신뢰와 우의를 바탕으로 북한의 도발에 대한 강력한 응징과 한반도의 평화와 안정유지를 위해 현명한 국민들의 관심과 국가 차원에서 강력한 한미동맹의 진화를 위해 진력을 다하여야 할 것이다.

2008 미 하와이 RIMPAC훈련 행사 시 美 3함대사령관과 함께(좌측 1번째 필자)

미래의 거북선, 한국형 항공모함 도입 사업 추진 필요성

지난 2022년 문재인정부에서 발표한 『2021~2025 국방중기계획』에 반영된 3만t급 항공모함 국내 연구개발사업(2033년 전력화 목표, 총 예산 2조6,000억 원)이 전방위 안보위협에 대비한다는 허울만 남긴 채 결국 좌초되어 근미래에 직면하게 될 안보 상황에 있어 심히 우려되는 상황이다.

최근 북한의 핵·미사일 위협이 고도화되고 미·중 전략경쟁이 심화되는 가운데 한반도를 포함한 동북아정세는 해저 원유 및 가스 등 지하자원과 수산자원 배분 등 해양자원 개발문제와 해상교통로(SLOC : Sea Lines Of Commuincations) 유지와 방공식별구역(ADIZ : Air Defense Identification Zone) 획정 등 국가의 핵심이익을 확보하고 유지하기 위한 보이지 않는 갈등요인들이 서서히 표면화되고 있는 실정이다.

특히, 동해에서는 한·일간 독도영유권 문제 지속과 대륙붕에 위치한

제7광구 내 원유 공동개발 시한(2028년) 종료가 임박하고 있으며 서해에서는 중국에 의해 배타적경제수역(EEZ) 내 북방한계선(NLL) 기준으로 경도 124도선 이남 해상~이어도 해역까지 중국 해군함정과 군용기에 의한 해상경비/상공 초계비행 활동 정례화 및 한·미 해군 함정의 음향정보 수집을 위한 해상부표 설치 등 해양관할권 주장을 위한 근거자료 유지와 군사적 목적 달성을 위한 서해 내해화(內海化)전략 시도가 이어지고 있는 등 배타적경제수역(EEZ) 경계획정과 관련된 해양관할권 협상 시 유리한 고지를 점하기 위한 시도가 심각한 수준으로 급부상하고 있어 향후 한·일/한·중 간 해양 분쟁 가능성이 잠재하고 있다.

이와 같이 도서영유권과 해양관할권 문제는 새롭게 부각된 문제가 아닌 해양과 관련된 각 국가들의 영토안보와 경제이익이 사활적 핵심이익 확보경쟁으로 부상하고 있다는 국제정치의 냉혹한 현실을 보여주고 있다.

동아시아의 안보이슈는 급부상하고 있는 중국의 해양력을 견제하기 위해 미국 주도로 인도태평양전략 구현을 위한 대(對)중국견제망인 QUAD(미·일·호주·인도 4개국 안보협력체)와 AUKUS(미·영·호주 안보협의체) 등 안보협력체제가 강화되고 있다. 일본은 평화헌법 개정을 통해 전쟁수행이 가능한 보통국가화를 추진 중인 상태에서 최근 대만위기 사태를 국가안보에 있어 중대한 위협상황으로 간주하여 자위대의 재무장화정책을 추진하고 있어, 향후 주변국과의 잠재적인 군사적 충돌 가능성에 대비하는 국가 대응전략 차원에서 한국형 항모사업의 중단 없는 추진이 필요하다.

중국은 2010년 이후 세계 2대강국(G-2)으로서의 위상변화를 바탕으로 인류운명공동체를 기반으로 한 중국몽(中國夢) 실현을 위한 수단인 강군몽(强軍夢) 달성과 지속적인 경제성장을 담보하기 위하여 근해 해양통제 및 원거리 해상교통로(SLOC) 보호 등 원해 활동영역 확장에 필요한 항공모함전투단 중심의 공세적 강압전략인 '근해방어·원해방위' 해양전략을 추진하고 있다. 이는 남중국해와 동중국해 및 서해 내해화(內海化)전략과 연계성을 지니고 있어 향후 미·중 전략경쟁 전개과정에서 한·중 간 직면하게 될 큰 위협요소로 잠재하고 있다고 볼 수 있다.

'근해방어·원해방위' 해양전략 구현을 위한 핵심전력으로서 2012년 이후 운용 중인 랴오닝함 (CV-16, 만재톤수 6만 톤, J-15 등 함재기 40여 대 탑재,

대한민국 해군의 미래 항공모함전단 운용 개념(출처 : 해군본부)

북해함대), 산둥함(CV-17, 만재톤수 6만7,000톤, J-15 등 함재기 60여 대 탑재, 남해함대)과 최근 진수(進水) 후 전력화 진행 중인 푸젠함(CV-18, 만재톤수 8만5,000톤, J-15, FC-35 등 함재기 60여 대 탑재 및 동해함대 배치 예상) 등 중형항공모함 3척체제로 운용될 예정이다. 향후 2049년까지 핵추진항공모함(CVN)을 포함한 항공모함 8척 운용체제로 원해 단독작전 역량을 급속히 강화하고 있다. 항모전투단 호위세력으로는 잠수함발사탄도미사일인 JL-2 SLBM(최대사거리8000km) 12기를 장착한 Jin급 전략핵잠수함 4척과 Shang급/Han급 핵잠수함 9척을 운용 중이며 2025년까지 20여 척의 7,500t급 이지스구축함(052형)과 14,000t급 이지스구축함(055D형) 8척을 추가 확보할 예정이다.

일본은 해양영역을 국가이익의 핵심으로 인식하는 다차원 통합방위력 기반의 적극적 전수방위를 해양전략으로 추진하고 있으며, 위협유형별 해양전략을 영토·관할해역 방위전략, 해상교통로(SLOC) 보호전략과 원거리도서 방위정책 등 3가지 측면에서 대응방안을 구체화하여 실행하고 있다.

특히 중국은 남중국해 점령 도서지역을 군사기지화한 이후 내해화(內海化) 전략을 본격적으로 추진하고 있으며 센카쿠열도(댜오위다오)를 포함한 동중국해 남서제도에도 함정/군용기의 해상 침범활동이 증가하고 있는 등 현존 해양안보 위협인식이 급상승하고 있다.

이에 따라 일본은 역내 해양패권을 추구하고 있는 중국의 항공모함 도입을 통한 항모전투단 개편 추진과 미·중 신패권경쟁 하에서 대(對)

중국 견제를 위한 미국의 인도·태평양전략 추진에 있어 국제법과 규칙 기반의 해양질서 유지에 기여하기 위한 적극적인 해양안보활동 참여(IPD-22) 등 중국의 공세적인 해양전략 추진에 능동적으로 대응하고 견제하기 위해 해상자위대는 6개 잠수대(잠수함 22척 운용체제)와 4개 호위대군(8개 호위대: 헬기탑재 호위함 1척+이지스구축함 2척 중심 4개군), 호위함·소해함정 2개 대군(13개 호위대: 신형호위함 + 소해함정) 등 즉응성이 강력한 수상함부대체제로 개편하였다. 특히 이즈모급 헬기탑재호위함(만재톤수 2만 7000톤)인 이즈모함(DDH-183)과 카가함(DDH-184) 2척을 수직 이·착륙형 F-35B 탑재가 가능한 경항공모함으로 개조 중이며 2023년 이후 작전배치될 것으로 예상된다. 또한 F-35B 42대를 추가 도입하여 향후 항공모함 4척 운용체제로 해양국가로서의 군사대국화를 시도할 것으로 예견된다.

이러한 중국과 일본의 공세적인 해양전략 추진과 이를 달성하기 위한 수단으로 항공모함 건조와 개조활동 등 전략적인 해군력 증강 경쟁은 향후 독도영유권 분쟁 및 이어도를 포함한 서해 해양관할권 획정문제와 배타적경제수역(EEZ) 획정문제에 있어 잠재적인 군사적 충돌 발생 가능성이 잠재하고 있다. 해양안보 위협과 해상분쟁 상황에 적극 대응 가능한 억제/대응전력으로 항공모함 확보는 무엇보다 최우선적 선결과제라고 할 수 있다. 주변국의 급속한 해군력 증강에 따른 해군력 격차를 따라잡기 위해서라도 우리의 한국형 항공모함 확보 노력을 게을리하면 안 된다.

최초 계획대로 해군이 2033년 함공모함 1척을 전력화할 경우 중국은 중형항모 5척, 일본은 경항모 3척으로 최소 대응수준의 균형전력으로서 역할이 가능하겠으나 2023년 국방중기계획에 경항모사업이 반영되지 않고 취소되어 함정 건조/전력화에 필요한 최소 소요기간 10년 주기임을 고려 시 해군력 격차는 급격히 벌어져 향후 도서영유권·해양관할권 분쟁이나 중국에 의한 남·동중국해 및 대만해협에서의 해상교통로(SLOC, Sea Line Of Communications) 차단상황 발생 상황에서 단독대응이 불가능할 뿐만 아니라 미 해군과의 연합해양안보활동에도 제한이 따르는 등 심각한 안보 누수현상으로 이어질 수 있음을 직시해야 한다.

또한 함재기 후보 기종이었던 F-35B 도입계획을 백지화하고 작전임무 수행능력과 성능이 검증되지 않은 개발단계에 있는 국산 KF-21 수직 이·착함형 개발 사업전략으로 급선회한다면 전력화기간은 15년 이상 더 늦추어 지는 결과를 초래할 우려가 있어 안보공백의 심각성은 더욱더 깊어질 수밖에 없다.

한국형 항공모함전력 보유 이점을 살펴보면 첫째, 개전 초 북한의 미사일과 장사정포에 의한 공군기지 피폭으로 인해 항공전력 운용 불가라는 제한사항을 극복할 수 있는 함재 전투기를 이용할 수 있다.

북한 지도부와 핵·미사일기지 등 전략 핵심표적에 대한 정밀타격을 할 수 있는 항공기습 전력으로 유용성이 높으며 북한의 핵·미사일 위협대응을 위한 해상기반의 3축체계 일부로서 항모전투단 호위전력인

이지스구축함에 요격용 SM-3/SM-6 함대공미사일(각 요격 고도 70~500㎞/240~460㎞)을 도입/운용함으로써, 다층 미사일방어체계의 완전성 보장이 가능하다. 이를 통해 북한의 도발 및 전쟁 시도에 대한 대북 억지력이 높다는 점이다.

둘째, 우리나라는 국가 성장을 국제교역활동에 전적으로 의존하고 있다. 이러한 현실에서 수출입 물동량의 99%를 해상교통로(SLOC)를 이용하고 있는 상황 고려할 때, 원해작전 수행이 가능한 원거리 투사능력을 보유한 전략적 억제 전력인 한국형 항모전투단이 분쟁해역에 현시(顯示)한다면 유사시 미·중/중·일/중국·대만 간 해상충돌 상황 발생으로 인해 봉쇄될 가능성이 큰 인도양, 말라카해협, 남중국해, 대만해협, 동중국해에서 우리 상선 보호를 위한 해상교통로의 안정적인 확보/유지가 가능하다는 점이다.

셋째, 국가정책을 뒷받침하는 군사전략을 실행하는 국가전략자산으로서 다목적 기동 군사기지 역할이 가능하다는 점이다.

국가정책과 군사전략 수행 수단으로써 항공모함의 역할을 살펴보면 ① 전시 비대칭전력으로 활용 가능, ② 주변국간 해상분쟁 발생 시 최소한의 억제전력으로 운용 가능, ③ 유사시 해상테러·해적 등 비군사적 안보위협으로 부터 아국 상선과 원양어선 보호 및 해상교통로 유지 가능, ④ 대규모 재해·재난 시 국제 구호활동 지원, ⑤ 최근 NATO 국가들의 인도·태평양지역 안보 관여전략 확대 분위기 속에서 한국의 QUAD(미·일·호주·인도 4개국 안보협력체), AUKUS(미·영·호주 안보협의체) 등 미국 주도의 인도·태평양전략 참여 수단으로 국제 해·공역에서 글로벌 중추국가의 군사적 역할 확대를 통한 안정적인 국제해양안보 질서 유지 기여 가능, ⑥ 난민·전염병·기후변화 등 국제 인도적 지원 가능, ⑦ 유사시 재외국민 철수지원 등 국민보호 활동 등 초국가적·비군사적 위협에 대한 대응전력으로 활용이 가능한 다목적 기동 군사기지로서 효용가치가 높다고 할 수 있다.

해군의 한국형 항모사업은 사활적 국가 핵심이익과 연계된 국가생존의 문제로 북핵·미사일위협이 상존하고 있는 한반도안보 상황하에서의 전쟁 억제전력일 뿐만 아니라 점차 현실화 되고 있는 주변국들과의 도서영유권과 배타적경제수역(EEZ) 경계획정 및 대륙붕 해저자원 개발과정에서 점차 우려되는 해상분쟁에 따른 군사적 충돌 시 견제 가능한 대응전력으로 즉시 운용할 수 있다는 점이다.

또한 경제적 측면에서는 수출입상품과 수입에너지 운송의 해상무역 생명선인 인도양↔남중국해↔대만해협↔동중국해로 이어지는 해상교통로를 보호하고 경항모 건조를 통한 조선산업 활성화로 고용창출과 고품질의 K-방산수출 기회 확대로 경제성장의 토대가 구축되는 일거양득의 부국강병과 국부(國富)를 키울 수 있는 기회로 적극 활용하여야 할 것이다. 제3국이 두려워하는 강력한 군사력 보유는 국가이익을 수호하고 5천만 국민의 생명과 재산을 보호하는 국가정책을 힘으로 뒷받침하는 든든한 보루인 것이다.

한국형 항공모함사업은 여야의 당리당략과 전(前) 정권의 전유물이

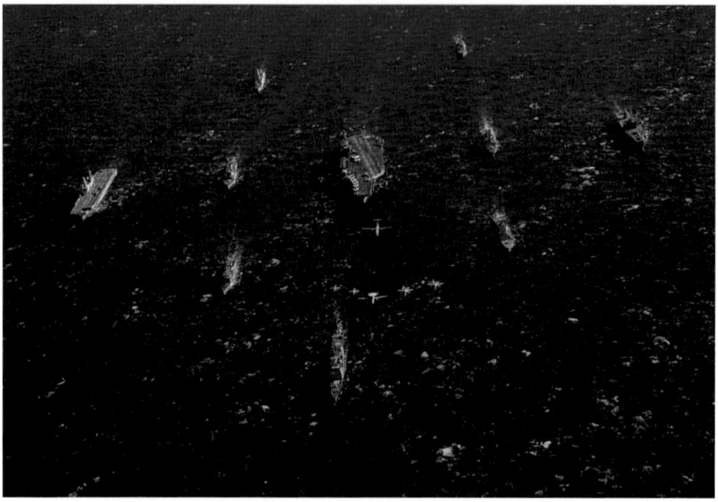
미 해군 7함대 항공모함강습타격단 해상기동훈련(출처 : 미 인도태평양사령부)

라는 단순하고 편협한 사고와 각 군의 자군 이기주의에서 탈피하여 국제정치의 냉혹한 정글 속에서 오직 국가생존 유지라는 절체절명의 명제 완수와 중강국의 위상에 걸맞은 국가 핵심이익을 수호하며, 국민의 생명과 재산을 지킬 수 있는 안보보험인 "한국형 항공모함사업"이 국가전략 자산으로 전 국민들의 확고한 지지와 응원 속에서 순항해야 될 것임은 분명한 사실이다.

우리나라는 북한의 핵·미사일/재래식 군사력 위협에 상존하고 있는 가운데 주변 4대 강대국에 둘러싸인 반도라는 지정학적 한계의 불리한 운명을 가졌다. 세계 10대 경제대국이자 6대 군사강국의 능력과 위상에 걸맞은 독자적 생존보장을 위한 적정규모의 강력한 해군력 보유는 필수적이라고 본다.

미래를 대비하는 국가만이 끝까지 살아남는다는 진리와 6·25전쟁, 임진왜란 및 병자호란 등 과거 국가 침탈의 뼈아픈 역사를 잊지 않고 유비무환의 의미를 항시 되새기면서 미래를 내다볼 줄 아는 현명한 국민이 되었으면 한다.

한·미·일 안보협력체제 강화와 발전 방향

최근 미중 전략경쟁 심화와 1년 6개월째 지속되고 있는 러시아-우크라이나전쟁 등에 따른 북·중·러 중심 권위주의 국가들의 반미연대 구축과 한·미·일, 호주, 캐나다, NATO 중심의 자유주의 국가들과의 진영대결이 점증하고 있는 가운데 우리의 주 위협인 북한 핵·미사일 고도화 위협은 노골화되고 있는 등 복합적이고 중층적인 안보 위기 상황에 놓여있다. 이러한 엄중한 안보환경 하에서 국가의 안정적인 생존과 번영을 위해 윤석열정부는 한일관계 개선이라는 파격적인 선행조치를 통한 한·미·일 안보협력체제 강화라는 구국적 결단을 선택하였다.

한·미·일 안보협력체제 강화는 북한의 핵·미사일 위협 대응 억제뿐만 아니라 중국·러시아 등 권위주의 국가들의 일방적 현상변경 시도에 따른 국제규범 및 법치 위반행위가 자유민주주의 가치를 훼손하고 인도·태평양지역의 규칙기반 국제질서와 안정·평화를 해치는 등 도전적

행위를 방어하고 차단하기 위해 긴요한 우리의 핵심 안보전략 자산이자 안보 공공재라고 할 수 있다.

2022년 5월 윤석열정부 출범 이후 그동안 최고조로 악화되었던 한일관계는 세 차례의 한일 정상회담을 통해 한일외교의 난제인 일제 강제징용문제 해결(1965년 한일 국교정상화 조약에 따른 포스코 등 한국 수혜 기업들의 강제징용 피해 배상금 출연 조치)과 일본의 소재·부품·장비 수출통제 해제 조치 등으로 완전한 관계 정상화의 길로 들어섰다.

특히 윤석열정부의 파격적인 대일(對日)행보는 양국 간 과거사 극복이라는 상징성을 극복하고 북한의 고도화 된 핵·미사일 위협과 중국·러시아의 패권적 팽창주의에 공동 대응하기 위해 필수적으로 선택한 한반도 역내 평화와 안정화 담보라는 한·미·일 안보협력체제 강화 필요성이 증대되는 현실주의 국제정치에 재빨리 적응하기 위한 통 큰 결정으로 미래세대를 위해 선택한 고뇌에 찬 결단을 내린 것으로 볼 수 있다.

또한 과거 일제 강점 36년 식민지배의 피해자 심리에 갇혀있던 국민정서를 오늘날 세계 10대 경제강국이자 세계 6대 군사강국 그리고 한류의 전 세계 확산에 따른 문화 선진국이라는 국가 자존심에 기반한 국민의식 대전환의 과감한 시도로 평가할 수 있다.

이제 대한민국 외교는 UN 안전보장이사회 비상임이사국이자 명실상부한 글로벌중추국가(GPS : Global Positioning State)로서 G-7이 확대된 형태의 G-8체제에 가입하여 글로벌 아젠다를 선진국들과 함께 해결하는 명실상부한 선진강국으로 발돋움할 것이다.

현 안보정세 상황하에서 한·미·일 안보협력체제 강화를 통한 3개국의 영속적인 발전방안을 다음과 같이 제시하고자 한다.

첫째, 북한의 핵·미사일 고도화와 위협적 핵전략 대응을 위한 한·미·일 공동의 효율적 대응협력체제 구축이 긴요하다. 이를 추진하기 위한 세부 실행방안으로 북한 핵·미사일 활동에 대한 3개국 정보감시정찰(ISR)자산에 의해 수집된 정·첩보의 실시간대 공유체제 구축과 신속한 정밀타격 등 대응능력 강화를 통해 최종적으로 한·미·일 통합공중미사일방어체계(IAMD: Intergrated Air Missle Defense) 구축 등 통합억제력 완성을 목표로 상호 협력해야 한다. 또한 이를 통해 기존 시행중인 한·미·일 연합미사일탐지·추적훈련과 연합대잠전훈련 등 3개국 연합해상/공중훈련 확대를 통해 상호작전운용성과 전투준비태세 유지를 강화해야 한다.

둘째, 인도·태평양지역에서 한·미·일 공동협력이 가능한 분야인 인도적 지원 및 재난대응(HA/DR : Humanitarian Aid / Disaster Recovery) 분야 협력추진과 해양자원 개발 및 지속가능한 이용을 목적으로 하는 해양경제인 청색경제(Blue Economy)분야인 해양 경제·인프라, 교육, ODA 지원 등 비군사 분야의 협력 확대도 필요하다.

셋째, 인도·태평양지역의 안정과 우리의 해상교통로 보호/유지를 위해 해양안보활동에 적극 참여하기 위한 일환으로서 해양영역인식(MDA : Maritime Domain Awareness) 능력 배양에 기여하고 필리핀 등

ASEAN국가 중심의 동·남중국해 해양초계활동 참여와 더 나아가 미국·일본·호주·영국·프랑스·독일·캐나다 등 EU/NATO 국가들이 상시 운영하는 인도·태평양 해양전개활동(IPD : Indo-Pacific Depolyment)에도 적극 참여하는 등 우리 국격과 국력수준에 부합하는 해군력 전개활동에 대한 검토가 필요하며 실행 수단인 중형급 항공모함(CV)와 핵추진 잠수함(SSN) 전력 도입사업은 반드시 추진되어야 할 핵심 안보자산임을 인식해야 한다.

넷째, 주요 핵심 원자재·부품의 대(對)중국 의존도 감소 등 경제안보 안정화 유지와 전염병·기후변화 등 비전통안보 위기 극복을 위해 13개국 간 공급망 조정에 합의하는 등 공급망의 회복탄력성 유지와 역내글로벌 차원의 문제 해결을 위해 중국의 경제 무기화전략에 대한 공동대응 참여가 필요하다.

다섯째, 글로벌중추국가(GPS) 실현을 위해 G-20/G-7정상회의와 NATO+ AP4 정상회의, 인도태평양경제프레임워크(IPEF), QUAD(미·일·호주·인도 4개국 안보협력체)플러스 등 미국 주도의 소다자 안보협의체에 적극적으로 참여하는 가운데 일본과 공동으로 AUKUS(미·영·호주 안보협의체) 가입을 추진하여 고급군사 기술역량 프로젝트 참여 일환의 핵추진 잠수함 확보노력을 지속하고 미국과 일본의 협조 아래 QUAD(미·일·호주·인도 4개국 안보협력체)에도 참여 할 수 있는 역내 공동 안보파트너로서 인정받는 외교적 동력 확보가 필요하다.

여섯째, 한·미·일 간 원자력산업 발전, AI/반도체/양자기술/배터리 등 첨단기술, 우주개발, 사이버안보, 디지털무역 등 미래 핵심 분야에 대한 전략적 협력체제 강화 또한 필요하다고 본다.

한편, 안정적이며 긴밀한 유대관계의 한일관계가 원만하게 지속될 때 비로소 한·미·일 안보협력은 한반도와 인도·태평양 지역의 평화와 안정 유지에 기여하는 추동력을 가진 안보 아키텍처로 발전할 수 있음을 인식하여 한일/한·미·일 안보협력의 안정적인 지속성 유지를 위해 한일 간 핵심 현안인 독도 영유권문제, 후쿠시마 오염수 방류문제, 사도광산 세계문화유산 등재 문제 등이 관계 악화의 재발요인이 되지 않도록 특별한 관리 또한 필요하다.

향후 발전적 방향으로 진행될 한·미·일 안보협력체제 구축은 긴밀하게 일체화된 현재의 한미동맹체제를 더욱 더 공고히 함으로써 우리의 안보를 건실하게 만드는 전략자산임이 자명한 사실이다.

지난 2023년 8월 18일 미국 대통령별장인 메릴랜드주 캠프데이비드에서 진행된 한·미·일 3개국 정상회의를 통해 향후 한·미·일 안보협력의 바람직한 미래 협력추진 방향들이 논의되고 확정되어, 한반도를 비롯한 인도·태평양 지역의 평화와 안정 유지에 기여할 수 있는 획기적인 기회의 장이 될 것으로 전망된다.

한미일 동해상 해상 미사일방어훈련(출처 : 국방부)

B-52 폭격기와 한미공군 및 일본 항공자위대 전투기 한반도 인근 비행(출처 : 미 공군)

CHAPTER 3

포스트코로나는 끝을 의미하지 않는다

박용진

Mobile
010-8249-1977
Email
yongjeen1@naver.com

학력 및 경력사항

- 호서대학교대학원 보건학 박사
- 서원대학교교육대학원 교육심리 석사
- 충북대학교대학원 식품영양학 석사수료
- 충남대학교교육대학원 교원자격연수 이수
- 충청북도교육청 식품위생직 공무원
- 전 충청대학교 겸임교수(식품영양학과)
- 청주대학교 고위관리자과정 수료
- 전 식중독전문예방교육 전문강사(식품의약품안전처장)
- 전 진천군, 옥천군 농산물유통지원센터 심의위원
- 전 옥천군치매안심마을 자문위원
- 전 어린이급식관리지원센터 평가위원
- 고려대학교 명강사 최고위과정 18기 공저 부회장

강의 분야

- 급식, 보건, 영양, 위생, 소통, 인간관계, 건강, 노인 영양, 안전, 컨설팅 등

자격 사항

- 영양교사(교육인적부장관), 영양사(보건복지부장관), 한식조리기능사(한국산업인력관리공단), 한자능력검정시험 3급, 컴퓨터활용능력 3급, 워드프로세서 2급
- 인성지도사, 명강의명강사, 노인교육강사, 부모교육상담사, 평생교육강사

수상 경력

- 국무총리상, 장관상, 교육감상, 교육장상

저서

- 학위논문(석사, 박사 2편), 학술지 논문 1편
- 명강사 25시(공저)

코로나19로 모든 시간과 삶이 멈춘 현장에서 나는

코로나19가 2019년 11월 처음 발병 당시 학교, 교육청, 지자체에서는 모두가 핫라인으로 비상근무 태세로 일했다. 교육청에서는 학교에 마스크, 손소독제를 배부하였다. 학교에서는 교실과 식당에 칸막이를 설치해 거리두기를 했다. 모든 기관에서는 확진자가 발생하면 다른 사람에게 전염되지 않게 격리했다. 하루 24시간 근무로 새벽이나 밤이나 소통했다. 3년 4개월 동안 우리는 단 하루도 긴장을 놓지 않고 코로나에 대응하며 지내왔다. 한 명의 아이라도 감염병에 노출되지 않도록 학교 전체 방역을 수시로 했다. 핸드폰에 앱을 깔고 그날그날 건강상태를 확인 후 건강할 때만 학교에 등교할 수 있게 했다.

회의는 마스크를 쓰고 화상회의를 했다. 송별회는 내 자리에서 주문한 도시락을 먹으면서 했다. 일상생활이 얼마나 소중한지 코로나 위기를 겪으면서 아프게 알아갔다. 코로나는 사람의 마음을 얼음처럼 차갑게 만들면서 몸은 뜨겁게 달구었다. 하루도 확진자가 없는 날이 없었다.

코로나19에 학교 수업은 집에서 온라인으로 듣고, 등교하는 날에는 거리두기로 앉는 것도 부족했다. 교실 책상에 칸막이를 설치했고, 급식은 알코올로 소독한 칸막이가 설치된 식탁에서, 먹는 순간만 마스크를 벗고 작고 비좁은 공간에서 조용히 식사를 했다.

오랜만에 멀리서 친구가 온다고 전화가 왔다. 덜컥 겁이 먼저 들었다. 혹시 이 친구가 코로나를 잠재적으로 갖고 있는 건 아닌가 싶은 생각에 업무가 바빠 만날 수 없다고 전화를 했다. 전입 직원이 마스크를 쓰고 다녀서 2년 동안 얼굴을 모르고 지냈다. 전에 알던 직원이 아니면 몇 년을 같이 근무해도 얼굴을 모른다. 학교 출입은 철통같이 지켜지고 있었다. 보건소 앞을 지나가다 보면 하얀 가운을 입은 사람들로 넘쳐났다. 그 앞을 지나기가 두려웠다.

퇴근하면 바로 집으로 갔다. 집만이 내가 쉴 수 있는 유일한 공간이었다. 코로나 전보다 훨씬 많은 시간을 가족과 공유했다. 가족의 소중함을 더 깊이 알게 되었다. 세상에서 제일 소중한 것이 가족이란 걸 깨달았다. 백화점에 들어가려고 하는데 문 앞에서 직원이 핸드폰을 보여 달라고 한다. 수리로 잠시 대리점에 맡긴 상태라 핸드폰이 없었다. 백화점에서는 코로나백신 접종 확인을 할 수 없으니 출입을 할 수 없다고 한다. 결국 백화점 문 앞에서 뒤돌아 나오며 넷플릭스에서 본 영화가 생각났다. 영화는 미래 세상에 대한 내용인데 사람 팔뚝에 숫자를 새겨 이동 시 그 숫자를 보여주는 장면이 기억이 난다. 만약 지금보다 더 센 코로나가 온다면 영화처럼 그런 날도 올 수 있겠다 싶다.

영화관에서 영화 〈감기〉를 보면서 설마 저런 일이 일어날까 싶었는데, 코로나는 그 영화보다도 더 강하게 우리에게 찾아왔다. 밤늦은 시간 같이 근무하는 직원이 확진이라고 연락이 왔다. 처음에는 확진이 된 게 본인의 잘못이라 생각하며 미안해했다. 그러나 코로나가 오랫동안 지속적으로 우리 곁에 있어 없어질 기미가 안 보일 때는 확진도 그냥 병가처럼 이해하게 됐다. 업무에 집중을 할 수 없는 날의 연속이었다. 몇 년을 그리 보내다 보니 지쳐가고 있었다. 우리 모두가 힘들었다.

코로나 시기에 엄마가 곁을 떠났다. 엄마는 나이가 들어도 여전히 여자였다. 엄마 침대 옆에는 거울과 화장품이 가지런히 놓여있다. 93세인 엄마는 부끄러워하고 아픔을 드러내 보이지 않으려 했다. 몸이 아파도 요양병원은 절대 안 간다며 자식과 같이 있고 싶어 했다. 요양병원도 코로나에 안전한 곳은 아니었다. 뉴스에서는 연일 요양병원에 상주하고 있는 노인들이 코로나로 운명을 달리하는 소식을 전했다. 매일매일 코로나 확진자가 많아 치료받아야 할 병원이 부족하다고 한다. 세상이 어수선했다. 잘 버텨주던 엄마가 떠난 날 이별의 슬픔을 느낄 사이도 없이 나는 다른 걱정을 하고 있었다. 코로나 상황에 사람들의 방문이 부담스러웠다. 조문은 마음만 받겠다는 뜻을 전했다. 조문 와서 코로나 확진이 되면 조직에 안 좋은 영향을 줘 그 부담감이 더 컸다.

개인적인 일로 업무에 지장을 주고 싶지 않았다.

새로운 바이러스에 대비해야 하는 우리는

이번 위기로 인간의 삶에서 진짜 중요한 것이 무엇인가? 그런 것을 이루기 위해 개인은 어떻게 생각하고 어떤 행동을 해야 하는지 또한 사회는 어떻게 재조직되어야 하는가에 대해 생각하는 계기가 되었다. 가장 중요한 것은 안전하게 사는 거, 그리고 건강을 유지하는 거다. 개인 안전이 제일이고 우선되어야, 사회도 안전해지고 건강해진다. 우리 사회는 코로나 전과 후로 구분될 것이다. 지역 블록화로 모든 게 급속도로 진행되고 있고, 감염병이 언제 어디서든지 발생할 수 있는 상황으로 바뀌고 있다. 코로나19 이후 우리는 완전히 다른 삶을 살고 있다. 2019년 12월 중국 후베이성 우한에서 처음 발생해 전 세계로 확산된 코로나19는 사람들 간 대면 접촉을 기피하는 언택트 문화의 확산, 원격교육 및 재택근무 급증 등 사회 전반에 큰 변화를 일으켰다. 포스트 코로나 시대, 코로나19로 일어난 이러한 변화들이 우리 사회를 주도하고 있다.

모든 게 멈춤이다. 벗어나고 싶다. 이것이 우리 모두의 바람이다. 우리는 달라져야 한다. 우리는 사스, 메르스를 겪어봤지만 역사상 전례 없는 코로나19로 또 다른 인생의 가치를 깨닫게 된다. 어찌 보면 인간이 만들어 낸 것일지도 모른다.

사스, 메르스, 코로나19는 모두 동물에서 사람으로 넘어온 동물유래 바이러스의 일종이다. 사스의 원인체인 사스바이러스는 박쥐로부터 사향고양이에게 전파되어 다시 사람에게 옮겨진 것이다. 메르스의 원인체인 메르스바이러스는 박쥐로부터 낙타에게 옮겨져 다시 사람에게 전파된 것이다. 코로나19 역시 박쥐 유래 코로나바이러스로 확인되었다.

2019년 11월 처음으로 발생해 2023년 5월 코로나19의 국제적 공중보건비상사태(PHEIC)가 해제되는 순간까지 3년 4개월 동안 갑자기 등장한 눈에 보이지 않는 바이러스 때문에 우리를 둘러싼 상황이 급변하고 있다. 사람은 사람대로 힘들고 경제는 경제대로 어려움을 겪고 있다. 사스, 메르스, 코로나19 모두 바이러스에 의해 나타나며, 기침, 재채기 등의 비말로 전파된다는 유사점이 있다. 따라서 가장 기본적인 개인 위생 올바른 손 씻기, 마스크 착용, 거리두기 등을 잘 지키는 것이 감염 예방을 위한 중요한 조치가 될 수 있다. 우리의 일상이 지금처럼 돌아오기까지 각 전문 분야별로 수많은 사람들이 얼마나 많은 시간 동안 힘든 노력을 하였는지 누구나 알고 있다.

코로나를 겪고 나서 많은 게 변화하고 있다. 코로나가 만든 디지털 격차, 코로나 이후 우리가 경험해보지 못한 환경은 대표적으로 교육이다. IT인프라를 갖추지 못한 환경은 교육의 사각지대일 수밖에 없다. 코로나가 만든 예상치 못한 세상 중에서 하나가 모든 학교의 온라인화이다. 대부분의 초, 중, 고, 대학교 수업들은 비대면이 필수이고, 오프라인은 부득이한 경우만 허용하는 것으로 가고 있었다. 비대면이다 보니 산만한 운영이 이루어지기도 했다. IT인프라 부족으로 콘텐츠 또한 질적으로 낮았다. 이런 문제점을 해결하고자 IT인프라를 구축했다. 지금은 블로그, 인스타그램, 유튜브 등 온라인 중심의 메타버스 사회가 되었다. 인터넷이나 컴퓨터 통신 등을 통하여 제공되는 각종 정보나 내용물, 유·무선 전기 통신망에서 사용하기 위하여 문자·부호·음성·음향·이미지·영상 등을 디지털 방식으로 제작해 처리·유통하는 각종 정보들이 차고 넘쳐난다. 기성세대도 디지털 문명에 대한 적응력을 점차 높이는 것이 사회 적응력을 키우는 데 필요함을 인지해야 했다. 계속 배우고 받아들이고 노력해야 한다. 사회적으로 규제만 할 것이 아니라, 안전하게 디지털 문명으로 갈 수 있게 교육도 시키고 지원도 해야 한다.

코로나19 이후 경제적인 측면은 말할 것도 없고 삶의 방식 문화 자체가 바뀌었다. 학교에서는 온라인 강의를 시작했는데, 대면 강의보다 효율성이 떨어져 학업 격차가 벌어지고 있다. 가족의 삶이 다르게 보이기 시작했다. 어떻게 보면 이번 기회에 가족의 삶 같은 것들을 찾아

낸 게 아닐까 싶다. 또한 남들이 좋다고 하는 삶이 아니라 내가 진정 좋아하는 삶을 살 수 있을지도 모르겠다는 생각을 하지 않았을까 싶다. 오히려 정상적인 삶을 우리가 조금씩 되찾아가는 데 도움이 되는 게 아닌가 그런 생각이 든다. 인터넷으로 여행한다. 온라인 공간에서 세계 각국을 여행하는 거다. 서로 마주치지 않는 조용한 곳, 언택트 관광으로 돈과 시간이 부족한 사람들에게 새로운 즐거움을 안겨주었다. 코로나 이후 여전히 랜선으로 여행을 한다. 꼭 비행기를 타고 가야만 하는 줄 알았던 해외 곳곳의 풍경들을 안방에서 즐기고 있다.

코로나를 완벽히 예방하는 법은 없다. 우리는 대비해야 한다. 코로나19보다 더 강력한 코로나24, 코로나30이 안 온다 누구도 보장하지 못한다. 모든 사람을 안전하게 지키는 시스템이 필요하다. 코로나19보다 더 강한 바이러스가 다시 시작되더라도 생존할 수 있는 길을 열어놓아야 한다. 인류의 생활공간이 온라인, 디지털 플랫폼으로 옮겨가는 것은 언택트, 즉 오늘날 바이러스 전파를 차단하는 방안과 일치한다. 팬더믹 쇼크는 오늘 멈추지 않는다. 모두가 위기에 대응할 수 있도록 준비하는 것이 절대 필요하다. 기계로 메뉴를 주문하는 키오스크나 VR(가상현실) 쇼핑, 챗봇 등 첨단기술을 활용해 판매원이 소비자와 대면하지 않고 상품이나 서비스를 제공하는 언택트 문화를 홈쇼핑, 식당 등 곳곳에서 찾아볼 수 있다. 우리는 익숙해질 필요가 있다. 영화에서나 나올 법한 감염병으로 인한 전쟁, AI 영화 모습들이 현재 우리의 모습이다.

행복의 척도가 바뀐다는 것. 코로나19 이전에 우리는 이것도 가져야지, 저것도 가져야지 하면서 끝없는 만족감의 사이클을 돌았다. 정말로 좋아하지 않는데 사회적으로 원하는 걸 계속 추구하다 보면 훨씬 더 많이 벌어야 했다. 훨씬 더 많이 가지고자 했다. 그러다 혼자만의 시간을 갖게 된 사람들이 자기만의 좋아하는 것이 생긴 것이다. 앞으로는 내가 진짜 좋아하는 것, 진짜 내가 즐기는 것, 그것을 행복의 척도로 삼아야 한다. 내가 진짜 좋아하는 걸 알아가면서 다 함께 행복하게 살아가는 거다. 소확행, 작지만 확실한 나의 행복, 사실 소확행이라는 말에도 약간의 우려가 있다. 오늘만 행복하고 내일은 생각하지 말자는, 오늘만 행복하면 되니 저축도 하지 말자는 뜻이 아니다. 작은 것, 동일한 것을 가지고도 만족감과 행복감을 극대화한다는 것이다. 행복은 상대적이며, 이전에 충족하지 못하였던 어떤 상태가 충족되었을 경우 행복하다고 한다. 행복은 사소한 것으로부터 시작된다. 코로나로 행복의 척도가 주체적으로 바뀐 것이다.

포스트코로나 시대,
두려움이 아닌 설렘으로 방향을 잡다

2023년 10월, 학교를 비롯해 지자체, 기업에서는 수많은 행사가 진행되고 있다. 한꺼번에 행사장에 사람들이 넘치고 있다. 코로나19로 하지 못한 걸 보상이라도 받아야 한다는 것처럼 사람들이 한꺼번에 거리로 쏟아져 나오고 있다. 코로나19로 온라인에서 여행 정보와 경험을 하던 사람들의 해외 여행도 급증하고 있다. 그러나 우리는 준비해야 한다.

IT 제조 강국인 우리나라의 문화 전체가 4차 산업혁명을 추진하면서 전환되어 가고 있었다. 코로나로 강제적으로 새 문명을 접하게 되었다. 긍정적으로 보면, 이렇게 강제적으로나마 4차 산업혁명을 겪게 되어 다른 기회가 다가온 것이다. 4차 산업과 코로나19로 더욱 빠르게 변화한 포스트코로나 시대를 잘 대처해야 한다. 우리나라의 위상을 한 단계 높이는 좋은 기회가 되었다. 집이나 카페 등 본인이 원하는 곳에서 일을 할 수 있고 출근하지 않고 서로 마주하지 않아도 업무를 볼 수 있는 시대가 되었다. 회사는 사람들을 모으고 출근시키고 사무실을 꾸미고 밥을 주고 퇴근시키는 등 돈이 들어가는 모든 일들을 더 이상 하지 않아도 된다. 즉 원가절감이 가능해졌다. 택배와 배달사업 등 비대면 사업 및 소비 산업은 급격히 성장했다. 타인과의 접속 없이 소비와 일생생활을 하는 것이 우리 일상이 되었다. 비대면 상태에서 타인과의 노출을 최소화하는 방식으로 우리 사회는 진화하고 있다.

코로나19를 통해 사람을 더 깊게 알게 되었다. 사람을 대하는 모습이 변했다. 사람과 사람 사이에는 얼마나 오래 알았느냐보다 가치관이 얼마나 같은가가 더 중요해졌다. 가치관이 다르면 바라보는 방향도 다르고 생각도 다르기 때문이다.

코로나19를 그대로 보라는 것이지 잊으라는 게 아니다. 과거는 과거대로, 현재는 현재대로 의미가 있다. 과거에 현재를 덧칠하면 투명하지 않다. 불투명한 색깔은 빛이 나지 않는다. 오늘은 어제가 아닌 오늘의 색을 칠해야 한다. 오늘을 사랑하며 다가오는 미래를 준비해야 한다. 코로나 팬데믹 이후, 사회적 거리두기는 대인관계에 영향을 많이 주었다. 지금은 많이 변하고 있지만 밥상 가운데 찌개 그릇에 자기 숟가락을 넣어 먹고 있는 사람은 없어야 한다. 술잔을 돌리고, 노래방에서 마이크를 같이 쓰지 말아야 한다.

뉴노멀 시대에 우리는 무엇을 준비해야 하나

사회현상 중 하나인 리더포비아(Leaderphobia)가 나타나고 있다. 리더포비아는 집단이나 조직 내에서 책임감과 희생을 필요로 하는 리더 역할 맡기를 꺼리는 것으로, 급변한 사회에 대응하지 못하는 리더가 불필요한 공포를 느끼는 것을 의미한다. 리더포비아를 극복하려면 자기인식을 개선하고 실패에 대한 경험을 공유하고, 소통과 협력을 통해 의견을 공유해야 한다. 미래는 코로나19 외에도 아주 큰 규모의 다양한 시련들이 닥쳐올 수 있다. 따라서 미리 예측하고 대비하고, 만약 어려움이 닥쳐와도 당황하지 않고 슬기롭게 헤쳐 나가는 능력이 중요하다. 트렌드나 바이러스 등 급속도로 변하는 외부 환경에 맞춰 변화하는 글로벌 역량이 필요하다. 또한 자신이 무엇을 좋아하며, 어떻게 해야 행복감을 느끼는지 등 자신에 대해서도 고민해야 한다. 수많은 사람들이 다양한 콘텐츠를 만들고 있다. 사람들이 원하는 것은 비슷비슷하다.

개인의 브랜드화가 필요하다. 비대면으로 대인관계를 하다 보면 시너지 효과도 떨어지므로 사람과 소통하는 대인관계 능력도 요구된다.

뉴노멀(New Normal) 시대, 코로나19가 확산할 때 아이들은 학교를 가지 못하고 도서관도 문을 닫았다. 아이는 공부에서 멀어지고 부모는 발만 동동 굴렀다. 온라인 플랫폼이 만들어지면서 학원도 학교도 온라인 수업을 하였다. 우리는 어느덧 온라인으로 수업하는 것에 익숙해지고 그 익숙함이 새로운 변화를 가져왔다.

건강과 위생에 대한 관심도 많아졌다. 세이프티퍼스트(Safety First)는 유럽에서 축사와 인간의 주거 공간을 분리해야 한다는 위생 개념이다. 코로나19 이후 우리 역시 다른 차원의 위생사회를 살고 있다. 개인위생에 대한 태도는 과거로 되돌아가지 않을 것이다. 오히려 마스크처럼 몸에 부착하는 체온계, 방역 로봇 등 위생이 무엇보다 중요해질 것이다. 마스크 품귀로 약국에서 줄을 서서 구입하거나 생년에 맞는 요일제 판매, 홈쇼핑 5분 매진 사태가 발생했다. 다른 국가에 비해 우수한 방역으로 세계가 주목하는 국가로 선정되기도 했다.

코로나19 팬데믹은 근무 형태 변화도 가져왔다. 기존 전통 방식은 회사로 출근해서 회의를 하고 업무를 마친 후 집으로 돌아가는 근무 형식이었다. 그러나 회사로 많은 직원이 밀집하는 기존 방식은 코로나19에 취약점을 보였다. 이 때문에 회사에서 원격근무 방식으로 변화했다. 개인이 원격근무를 시작하면서 집에 대한 욕구도 변하기 시작했다. 예전에 집은 퇴근 후 편하게 쉴 수 있는 공간이었다면 이제는 일을 동시에 해야 하는 공간으로 탈바꿈했다. 집에 계속 머물다 보니 그동안 볼 수 없었던 불편함이 하나둘 보이기 시작했다. 눈에 거슬리고 기능이 떨어지는 구형 냉장고, 에어컨, TV가 눈에 들어오게 됐다. 이 때문에 원격근무를 하는 개인들은 코로나19로 여행, 외식이 줄어들면서 생긴 잉여 자금으로 신제품을 구입하고 있다. 신형 가전제품이 집안에 들어오면서 IOT(Internet of Things, 사물인터넷)를 접목한 스마트홈이 대세로 자리 잡고 있다. IOT 기능을 활용해 자동으로 거실등을 켜고 끄고 커튼을 일, 출몰에 맞춰서 내려주고 올려주는 제품이 인기를 끌었다. 집은 이제 잠자는 공간이 아닌 편하게 일을 하고 식사를 하고 휴식할 수 있는 스마트홈을 지향하고 있다.

코로나19로 원격근무가 적용되자 출퇴근 시간이 줄어들었다. 적게는 30분에서 많게는 1, 2시간이 넘게 걸리던 출퇴근 시간에 여유가 생겼다. 개인은 여유 시간을 건강에 투자하게 되었다. 코로나19로 외식, 회식이 줄어들면서 집에서 식사를 하는 횟수가 많아졌다. 손수 만들어야 한다는 문제가 발생했다. 간편하게 음식을 먹을 수 있는 방법 중 하나가 배달이다. 배달앱 매출은 코로나19 이후 큰 규모로 성장했다. 집에서 가장 편하게 휴식하는 방법 중 하나가 드라마, 영화 감상이다. 이제는 TV를 보는 게 아니고 구독을 하는 시대로 이동하는 모습이다. 코로나19 확산에 비대면 콘텐츠에 대한 관심 높아지면서 메타버스 열풍도 불고 있다. 가상공간을 매개로 많은 사람이 다양한 행동을 펼친다. 메타버스는 다른 이들과 유대감을 형성할 수 있는 역할을 한다.

바이러스에 대한
연구와 대응이 필요하다

『누가 내 치즈를 옮겼을까?(Who Moved My Cheese?)』라는 제목의 책은 세계적으로 수백만 권이 팔린 비즈니스 우화다. 이 이야기는 변화란 피할 수 없는 것이며, 변화가 일어날 경우에는 비탄에 잠기거나 불평하기보다는 변화 속으로 뛰어들어 대처하는 것이 가장 현명한 자세라는 교훈을 담고 있다. 수년 동안 같은 장소에서 치즈를 발견했던 생쥐 헴(Hem)과 허(Haw)는 어느 날 자기들의 소중한 치즈가 사라져 버렸음을 알게 된다. 누군가 이들의 치즈를 옮겨놓은 것이다. 그런데 헴과 허는 이러한 사실에 서로 다르게 대처한다. 투덜거리는 성격의 헴은 누군가가 다시 치즈를 되돌려놓기를 기다리자고 한다. 반면 현실주의적인 허는 불안해하면서도 새로운 치즈를 찾아 모험을 떠나고자 한다. 결국 허는 문제를 해결하려면 기적 같은 해결책이 나타나길 기대하지 말고 행동을 취해야 한다고 헴을 설득한다. 이처럼 변화하는 사회에 빠른 대처가 요구된다.

위기가 발생했을 때 사람들의 피해를 최소화하는 것은 사람의 힘으로 가능하다. 이를 위해 필요한 것은 사람 사이의 소통, 공감, 협력이다. 결국 코로나19도 인문학이다. 바이러스는 우리의 일상생활에서도 계속 존재한다. 바이러스에 대한 저항력을 높이고 안전하고 건강한 생활을 유지하기 위해 새로운 백신 및 치료법 개발이 더 적극적으로 필요하다. 바이러스에 대한 연구와 대응이 끊임없이 이어져야 한다. 우리는 바이러스와 함께 살고 있다.

미래에 또 다른 새로운 바이러스가 올 수 있다. 투덜거릴 때가 아니다. 아주 작은 것부터 실천해 나가야 한다. 개인적인 것부터 실천해 나가야 한다. 우리는 면역력 강화를 위해 건강한 생활습관을 갖는다. 코로나19는 약으로 치료되지 않는다. 따라서 강력한 면역체계가 최선의 방어이다. 다행히 건강한 생활습관으로 면역력을 강화할 수 있다. 간단하지만 가장 중요한 것은 개인적인 건강관리이다. 매끼 신선한 채소나 과일을 먹는다. 주 5회 30분씩 운동한다. 매일 7~9시간 수면을 취한다. 스트레스를 푼다. 금연한다. 아직 안 맞았으면 코로나, 독감 예방주사를 맞는다. 당신 안에 답이 있다. 기본이 답이다. 코로나19도 마찬가지이다.

CHAPTER 4

끊임없이 도전하며, 성공하는 나의 삶을 만들어갈 것이다

박현주

Mobile
010-5509-3968
Email
phj3001@junggico.co.kr

학력 및 경력사항

- 고려대 명강사 최고위과정 18기교육부회장
- 중기이코노미기업지원단 지점장

강의 분야

- 기업영업 첫걸음, 인성

자격 사항

- 마케팅기획전문가, 커뮤니케이션전문가
- 명강의 명강사1급, 인성지도사1급
- 평생교육강사1급

저서

- 명강사 25시(공저)

나는 영업인이다

묻고 싶다. 내 젊은 날은 어떻게 흐르고 지나갔는지를. 하루, 한 달 365일 하고도 하루를 더 살아도 계속되는, 나에게 주는 질문이다.

너는 뭘 했니??
오, 너 말야
바로 여기서
계속 울고만 있는 너는
말해 봐, 너는 뭘 했니?
너 바로 여기 있는
네 젊음을 갖고 뭘 했니?

– 폴 베를렌

나는 영업인이다. 영업은 비즈니스의 꽃이라고 한다. 세일즈 중에 보험영업은 꽃 중의 꽃이다. 무형의 형태지만 'if(만약에)~'라는 뜻의 의미가 많은 걸 담고 있기 때문이다.

비즈니스 영업 중에 나는 기업을 대상으로 컨설팅을 한다. 우리나라에 중소기업은 2021년 기준 약 771만 4,000개로, 2020년 대비 43만여 곳(5.9%) 증가한 것으로 나타난다. 종사자 수는 전년 대비 70만 명 증가한 1,849만 명으로 전체 기업 종사자의 81%였다. 매출액은 전년 대비 343조 원 증가한 3,017조 원으로 전체 기업 매출액의 47%를 차지하는 것으로 중소벤처기업부는 발표했다.

중소기업 근로자 4인 가족 기준으로 73,968천 명의 생계가 중소기업을 통해 만들어지고 있다는 걸 의미한다. 이처럼 중소기업은 국가에 중요한 역할을 하고 있다.

"국가는 중소기업을 보호, 육성하여야 한다." 대한민국 헌법 제123조 3항이다. 헌법에 중소기업을 보호, 육성해야 한다는 조항이 담긴 이유는 그만큼 중소기업 보호가 중요함을 의미한다. 그리고 나는 중소기업을 위해 국가의 다각화된 정책 방침과 세제 혜택, 지원을 찾아주는 역할을 하는 PM이 되었다. 기업의 오너가 나의 고객인 셈이다. PM은 project manager의 약자이다. 하는 일은 재무, 세무, 노무, 절세, 상속 등 기업이 알지 못하면 받지 못하는 여러 가지 혜택들을 대신하여 찾아주는 대기업의 미래전략부서와 같은 역할이다.

기업의 오너들은 매출과 기업의 성장에만 신경을 써야 함에도 불구하고 높은 최저임금으로 고용을 늘릴 수 없는 한계점이 오기에 파트별로 직원들을 고용하지 못하고 그 결과 직원들의 일까지 오너가 맡아서 해야 하니 오너들은 업무 과부하로 가장 중요한 영업에 집중하지 못하는 문제점이 따라온다.

오너들은 경영하며 여러 분야 업무까지 신경 쓰느라 정부에서 지원 정책을 내놓아도 제대로 알지 못하거나 정책을 알더라도 실무에서 오랜 시간 난항을 겪는데 나는 이런 문제들을 해결하고 도움을 주고 있다. 즉, 기업의 오너들을 대상으로 컨설팅을 해주며 필요한 것을 찾아주는 산타클로스 같은 사람이 된 것이다.

기업 대상의 금융상품 판매가 활성화된 지는 불과 10여 년 정도밖에 되지 않았으니 수많은 중소기업 오너들은 내가 하는 일을 정확히 알지 못한다. 그리고 2000년대 초부터는 금융상품 권유가 활발해지면서 이 또한 기업 대표들에게 피로감을 주곤 했다.

듣지도 않고 귀부터 닫는 사람들이 많으니 그들의 눈을 뜨게 하고 귀를 열게 하기 위해서는 나의 역량이 무엇보다 중요하다. 어찌 보면 전문가들의 영역을 대리해서 고객들에게 전달하는 나에게 기업 관련 업무 영역은 외래어를 듣는 것만큼 어려웠다.

하지만 처음 기업영업을 시작하면서 나의 역량을 의심하지 않았다. 당연히 잘할 거라 생각했다. 오랜 시간 금융회사에서 영업사원들을 교육했던 나는 기업영업도 별반 다를 게 없다고 생각했다. 하지만 그건 착각이었다.

기업에 찾아가 그들의 재무상태를 확인하고 필요한 컨설팅을 제공하는 데 있어 얇은 지식과 부족한 노하우는 끝내 오너의 마음을 열지 못했다. 나의 역량의 부족함을 느낀 순간 부끄러웠다. 새로운 것을 쉽게 생각한 나 자신이 한심하게 느껴졌다. 그리고 30년 만에 불을 켜고 책상 앞에 앉았다.

어떤 일을 시작할 때, 나는 먼저 시작한 사람들을 따라잡기 위해 열의와 열정으로 밤을 새우고 주변 사람들을 힘들게 한다. 주변에서는 지나치게 앞서 나가려고 하는 나에게 충고도 서슴지 않았다. 하지만 난 듣지 않았다.

무슨 일이든 처음 시작은 기본부터 닦아야 됨에도 열의만 믿고 순서를 거슬러 무리한 나에게 찾아온 건 건강 이상이었다. 지나치게 집중하고 신경을 쓰다 보니 귀에 이명이 생겼다. 청력은 이미 골든타임을 놓치고 말았다는 것이 의사의 진단이었다. (청력을 잃을 정도로 몰입을 했으면 베토벤 정도로 유명인사가 되어야 하지 않나??) 다른 사람들이 오랜 기간에 걸쳐 해 왔던 일을 몇 개월 만에 해낼 수 있을 거라 생각했던 나의 오만의 결과였다.

하지만 나는 결국 해냈다. 이명이 찾아왔을 때도, 다른 사람들의 충고에도 쉽게 멈출 수 없었다. 왜? 나를 믿어준 주위 사람들도 있었고 누구보다 잘하고 싶은 욕심이 있었기 때문이다.

기업의 컨디션을 체크하고 대표님들의 고민을 파악하고 세무부터 절세 전략, 국가의 정책과 컨설팅 이슈까지 하나씩 익히고 화법과 노하우를 끊임없이 배워나갔다.

그리고 나는 현재 입사 1년 6개월 만에 지점장이 되었다. 영업의 선입견을 이겨내고 이명으로 힘들었던 시간을 지나 기업영업의 PM으로서 내가 꿈꿔 왔던 목표를 향해 나아가고 있다.

나는 영업인이다. 국가의 중심에서 기업을 대변하는 컨설턴트, 자랑스러운 PM이다.

MBTI의 새로운 세계를 알게 되다

영업을 하다 보면 사람들의 성격과 분위기 스타일을 잘 알아내는 것이 중요하다. 또한 첫인상이 중요하다. 사람을 파악하는 시간은 처음 만난 5초 내외에 80% 판가름이 난다.

첫인상의 333법칙이라는 게 있다. 첫인상의 첫 번째 3초에 이미지를 판다. 복장, 헤어스타일, 태도, 자세가 이에 해당한다. 첫인상의 두 번째 30초 이미지를 판다. 인사, 명함, 안내, 말투, 음성이 해당한다. 첫인상의 세 번째 3분 이미지를 판다. 기질, 성격, 성실성, 열의가 첫인상을 좌우한다. 따라서 좋은 표정과 미소는 고객과의 만남에서 이미 절반의 성공이다.

앨버트 메라비안은 인간관계에서 이미지가 결정되는 요소로 시각적 효과가 55%, 청각적 효과가 38%, 나머지 언어적 효과는 7%라고 분석했다.

그리고 요즘 젊은이들은 첫인상뿐만 아니라 자신의 성격과 스타일을 MBTI로 구분한다는 것을 알게 되었다.

MBTI에서는 인간의 내적 과정을 다음과 같이 4가지 선호 경향으로 분류한다.

외향형(Extroversion)은 자기 외부에 주의 집중한다. 다른 누군가에게 발상, 지식이나 감정을 표현함으로써 에너지를 얻는다. 사교적, 활동적이며 외부 활동에 적극성을 발휘한다. 폭넓은 대인관계를 가지며 글보다는 말로 표현하기를 좋아한다. 경험을 통해 이해한다.

내향형(Introversion)은 자기 내부에 주의 집중한다. 발상, 지식이나 감정에 대한 자각의 깊이를 늘려감으로써 에너지를 얻는다. 조용하고 신중하며 내면 활동에 집중력을 발휘한다. 깊이 있는 대인관계를 가지며 말보다는 글로 표현하기를 좋아한다. 이해한 다음 행동한다.

감각형(Sensing)은 오감 및 경험에 의존한다. 현실주의적인 타입으로 실제의 경험을 중시하고 지금에 초점을 맞추어 일을 처리한다. 숲보다 나무를 보려는 경향이 강하다.

직관형(iNtuition)은 직관 및 영감에 의존한다. 이상주의적인 타입, 아이디어를 중시하며 미래지향적이고 개연성과 의미에 초점을 맞추어 일을 처리한다. 비유적, 암시적으로 묘사한다. 나무보다 숲을 보려는 경향이 강하며 자신만의 세계가 뚜렷한 편이다.

감정형(Feeling)은 인간관계 중심 타입이다. 사람과의 관계에 주로 관심을 가지며 좋다, 나쁘다의 판단을 선호한다. 상황적, 포괄적이며 주변 상황을 고려하여 판단한다. 이성보단 감정에 치우치며 의미, 영향, 도덕성을 중시한다. 우호적인 협조, 공감하기를 좋아한다.

사고형(Thinking)은 업무 중심 타입이다. 진실과 사실에 주로 관심을 가지며 맞다, 틀리다의 판단을 선호한다. 이성적이고 논리적, 분석적이며 객관적으로 사실을 판단한다. 원리와 원칙을 중시한다. 논평하기를 좋아한다.

판단형(Judging)은 분명한 목적과 방향을 선호한다. 계획적이고 체계적이며 기한을 엄수한다. 깔끔하게 정리정돈을 잘하며 뚜렷한 자기 의사와 기준으로 신속하게 결론을 내린다.

인식형(Perceiving)은 유동적인 목적과 방향을 선호한다. 자율적이고 체계는 없지만 재량에 따라 일정을 변경할 수 있다. 상황에 따라 적응하며 결정을 보류한다.

나무위키에 따르면 외향형(E)과 내향형(I), 현실(S)과 망상(N), 논리형(T)과 감정형(F), 계획적 성향(J)과 상황에 적응하는 성격(P) 등 이처럼 현대인은 관계를 유지하며 서로의 성격을 판단하는 것이 아니라 성격 유형 검사를 통해 빠르게 서로를 평가한다.

사실 나는 MBTI를 잘 알지 못했다. MBTI에 관심을 갖게 된 계기는 사실 단순했다. 요즘 취업 시장이 어려운 만큼 청년들의 일자리 창출과 스타트업 활성화를 위해 창업사업을 많이 지원하는데 내가 만나는 오너들 중에는 젊은 대표들이 많다.

그들과 컨설팅을 하다 보면 "지점장님, 저는 성격이 J라서요~" 또는

"저는 성격이 T예요~"라는 얘기들을 듣곤 했는데 이게 무슨 소리인지 몰라 웃고 넘어가곤 했다. 그러다 딸들에게 이게 요즘 젊은이들 사이에서 유행하는 MBTI라는 것을 알게 되었고 그때부터 뒤늦게 MBTI 성격에 대해 공부를 시작했다.

처음엔 너무 비슷한 영어 단어에 헷갈리고 다양한 유형의 성격을 다 이해하기 어려웠지만 한번 알고 나니 너무 재밌었다. 그리고 지금은 영업을 하면서 내가 먼저 대표들한테 묻는다. "대표님 혹시 MBTI가 어떻게 되세요?"라는 질문에 젊은 대표들은 공감대를 형성한 듯 쉽게 마음을 열어 대화가 잘 진행되곤 한다.

영업인의 기본은 빠른 변화를 캐치하고 다양한 문제점들을 하나로 결합시키는 힘을 갖는 것이다. 나는 오늘도 새로운 것을 알게 되었고, 내일은 또 어떤 새로운 세계가 열릴지 기대된다.

경제적 자유를 찾아서

나에게는 경제적 자유를 찾은 4번의 인생 전환점이 있었다. 처음은 초등학교 2학년 때였다. 육성회비 300원을 내가 직접 갖다 내겠다며, 엄마에게 받아내어 손에 꼭 쥐고 학교를 갔다. 처음으로 수중에 들어왔던 돈이기에 빨리 육성회비를 납부하고 싶지 않았다.

육성회비란 육성회의 운영을 위하여 회원들에게 걷던 돈으로 학부모가 학교의 운영에 필요한 재정을 돕기 위하여 수업료와는 별도로 내는데 학생의 납입금에 포함되어 있었다. 지금은 폐지되어 현재 초·중등학교에서는 학교운영지원예산(육성회비), 대학에서는 기성회비로 불린다.

손에 쥔 돈을 학교에 빨리 납부해야 하는데 처음으로 돈을 가져본 어린 마음에 주머니의 300원은 끝내 영영 찾을 수 없게 되었다. 여느 때처럼 친구들과 함께 고무줄놀이에 정신이 팔렸던 나는 내 소중한

300원이 어디로 흩날리는지 알지 못한 채 다리를 쭉쭉 찢으며 고무줄 놀이 삼매경에 빠졌다. 300원이 없어진 것을 알았을 땐 이미 늦었고 그날 엄마에게 눈물을 쏙 뺄 정도로 혼이 났고 초등학교 졸업 때까지 엄마는 절대로 나에게 돈을 맡기지 않으셨다. 심지어 동생에게도 돈을 맡겼는데 말이다.

두 번째는 학교 졸업 후 짧은 사회생활을 하다가 결혼을 했을 때였다. 행복한 결혼생활이었지만 남편의 24만 원 월급으론 여유롭게 살 순 없었다. 나는 아이들을 얼른 키우고 돈을 벌어야겠다 마음먹었다.

세 번째 드디어 다시 경제활동에 뛰어들었다. 막내아들이 이제 막 5살이 되던 해였다. 어린아이들만 두고 먼 곳으로 다닐 수는 없었기에 첫 직장은 전자부품을 만드는 집 근처의 작은 중소기업이었다. 어쩌면 나의 첫 중소기업과의 인연이었다.

짧은 시간 일했기에 월급은 적었고 아이들은 제대로 케어하지 못한다는 생각에 미안함이 있었다. 두 마리 토끼를 다 잡으려다 제대로 되는 것이 하나도 없었다. 선택과 집중이 필요한 순간이었다. 그때 나에게 보험회사 교육매니저 업무를 해 보지 않겠냐고 추천이 들어왔다. 잠시 고민했지만 아이들을 믿고 제대로 된 회사에 취직하기로 결정하였다. 그게 내가 보험회사에 첫발을 들이게 된 계기이며 내가 경제적으로 자립한 첫 순간이다.

중소기업에서보다 월급을 2배 이상 받았다. 그리고 영업사원들을 교육하기 위해 공부를 하기 시작했다. 한 인간으로서 잠시 멈춰 있던 내가 기름칠을 하고 다시 돌아가는 것 같았다.

마지막 네 번째 경제적 자유를 찾기 위해 나는 여전히 도전하고 있다. 이제는 돈을 좇는 것이 아니라 돈이 나를 따라오게 하기 위해서 탐구하고 노력하고 있다.

그리고 그 첫 시작이 고려대 명강사 최고위과정이다. 내가 하고 싶은 일이 무엇인지 찾기 위한 첫 발걸음이다. 이 발걸음의 끝이 무엇일지 궁금하다. 그리고 나는 머물지 않고 항상 꿈꾼다.

"나는 지금 너무 행복하고 감사하다. 다양한 경로를 통해 지속적으로 점점 더 많은 돈이 들어온다." 밥 프록터의 끌어당김의 법칙에 나온 글귀이다. 나는 언제나 이 글귀를 마음에 새기며 아침을 시작한다.

지금까지 대한민국을 사랑해주셔서 감사합니다

나의 엄마도 시어머니도 50대 초에 할머니가 되었다. 그때는 그랬다. 나도 내 나이 50대 초에 사위를 얻고 할머니가 되었다.

그리고 딸의 산후조리를 위해 딸과 손주가 우리 집에 오면서부터 새로운 육아 아이템들을 알게 되었다. 우리 때는 분유, 천 기저귀, 유모차만 있어도 애들 키우는 데 만사오케이였는데, 지금은 모로반사용 스와들업, 머미쿨쿨, 라라스베개, 쏘서, 바운서, 젖병소독기, 분유 타주는 기계, 분유포트, 기저귀갈이대 등 없는 게 없는 육아 아이템에 눈이 휘둥그레졌다.

내가 아이들을 키울 때 이렇게 육아 아이템이 완벽했다면 나는 자식 셋을 키우며 그렇게까지 힘들지 않았을 거 같은데 요즘엔 왜 이렇게 아이들을 안 낳을까 하는 생각이 들었다.

현재 우리나라는 고금리, 고물가, 고유가 시대로 접어들면서 국민들의 소비생활이 많이 위축되어 있다. 게다가 생활의 필수인 가스, 전기, 대중교통 등 공공요금의 인상이 현실화되었고 기준금리 인상으로 가계대출 부담이 높아진 상황에 가계 지갑이 닫힌 지 오래되었다.

상황이 이렇다 보니 안 그래도 저출산이 문제인데 더욱더 자녀 가지기를 꺼린다. 우리나라의 출산율은 0.08명으로 세계 꼴찌 수준이 되었다. 실제로 서울에서마저 폐교하는 학교가 나오고 있는 현실을 마주하니 내 손주들이 살아갈 대한민국이 걱정되기 시작했다.

CNN은 한국의 저출산 원인으로 높은 부동산 가격, 교육비 등 경제적 요인, 한국의 기업문화 때문에 남성들이 육아에 참여하기 어려움, 육아휴직이 늘었지만 사용할 수 없는 기업문화, 육아휴직이 늘었지만 마음이 불편한 사람이 많음, 한국 사회는 여전히 한부모 가정에 대한 편견이 있음, 아무리 많은 돈을 투입해도 역대 정부가 해결할 능력이 없음 등을 뽑았다. 2022년 12월 CNN이 분석한 기사의 내용이다. CNN의 분석을 한마디로 요약하면 한국의 저출산은 단순히 돈 문제가 아니라는 것이다.

사실 우리 집에서 딸들이 산후조리를 하는 이유도 사위가 육아휴직을 할 수 없기에 조금이라도 산후조리를 도와주고 싶은 마음에서였다. 아무리 좋은 육아 아이템이 있어도 처음 키우는 아이를 돌보기란 쉽지 않으니 말이다.

정부에서는 많은 돈을 투자하여 출산율을 끌어올리기 위해 노력하고 있지만, 문제는 현금성 지원 위주의 단기적 지원일뿐 중장기적인 해법은 아니라는 지적이 많다.

그리고 나의 도움을 받은 딸들도 말한다. 나라에서 주는 많은 돈과 혜택보다 친정엄마에게 출산휴가를 10일 주면 좋겠다고! 딸들과 얘기해보니 요즘같이 자식이 출산만 해도 효도라고 말하는 시대에 친정과 시댁에 출산휴가를 부여해 달라고 말하고 싶다.

직장에 눈치 보여서 쓰지 못하는 남성들의 육아휴직 대신에 자식을 낳아 기른 경력직 엄마들에게 내 자식의 산후조리와 함께 내 손주들을 돌보고 내 노하우를 전수해 줄 수 있도록 나라에서 지원해주길 말이다.

"지금까지 대한민국을 사랑해주셔서 감사합니다." 최근 인터넷에서 유행하는 말이다. 유머 같지만 마냥 웃을 수만은 없는 저 한 문장에 우리나라의 미래가 담긴 것 같아 참으로 씁쓸하다.

나도 손주들을 보기 전까지 당장 먹고사는 문제에 우리나라의 출산율은 신경 쓰지 못했는데, 이제야 한 나라의 국민으로서 저출산에 대해 심각하게 고민해보아야 할 때가 왔음을 느낀다.

오만 가지 생각

"사물을 헤아리고 판단하는 올바른 생각, 어떤 일을 하고 싶어 하거나 관심을 가짐." 지식백과에서는 '생각'을 이렇게 정의했다.

그리고 우리말에 "오만 가지 생각이 다 난다."라는 말이 있다. 오만 가지, 매우 종류가 많은 여러 가지 생각이 난다는 뜻이다. 실제로 사람들은 한 시간에 2,000가지 생각을 하고 24시간 동안에는 5만 가지 생각을 한다고 한다. 더욱 놀라운 것은 그 많은 5만 가지 생각 중 4만 9천 가지 이상은 부정적인 생각을 한다는 것이다. 대부분 사람은 긍정적인 마음, 감사하는 마음보다는 불평하는 마음, 질투, 시기, 원망과 걱정 고민으로 하루를 보낸다. 나 역시도 그렇다.

넓은 우주에 티끌보다 작은 존재로 살아가며 긴 시간 속에서 짧은 100세 인생을 살아가는 우리지만, 남을 간섭하고 사사건건 시비를 걸며 쓸데없는 곳에 에너지를 낭비하며 살아간다. 남을 원망하고 미워하는 마음으로 살아가면 건강도 피폐해짐을 느낀다. 그러므로 나의 건강을 위해서라도 긍정적이고 감사한 마음으로 하루를 살아가야 할 것이다.

세계보건기구 헌장에 의하면 "건강"이란 단순히 질병이 없는 상태가 아니라 육체적, 정신적, 사회적으로 완전히 안정된 상태라고 정의한다. 그렇다면 나의 건강은 안녕한가? 나의 하루와 나의 삶을 뒤돌아보게 된다. 내가 원하고 모든 사람들이 원하는 삶은 바로 성공하는 삶일 것이다.

성공하는 삶을 원한다면 지금 당장 부정적인 생각을 버리고 긍정적인 생각을 해야 한다.

실제로 좋은 생각을 하면 좋은 뇌파가 생성되고, 좋은 정보를 온몸으로 전달하며, 몸에 좋은 피가 생성되어 사람의 성격이 변화하고 습관이 변화되어, 나아가 그 사람의 운명까지 바꿀 수 있다고 한다.

오늘 나는 50,000가지 생각 중 몇 가지의 긍정적인 생각을 했을까?

어린 시절 숙제로 매일 일기를 썼던 것처럼 오늘부터 나는 몇 가지의 긍정적인 생각으로 내 하루를 채웠는지 매일매일 숫자를 세어보아야겠다.

이게 바로 성공하는 삶으로 향하는 나의 첫 번째 발걸음이 아닐까?

몰입과 집중, 끊임없는 도전으로 향하는 나의 미래

나는 새로운 길을 갈 때마다 길을 잃는다. 이사 온 아파트 지하주차장에서 집을 찾아오는 데 한 달 정도를 헤맸다. 가끔은 남편에게 전화를 해 집을 찾아오기도 했다. 그런데 내가 길을 잃는다는 것은 단순히 집을 찾아오는 길만을 뜻하는 것은 아니다.

내 삶 속에서 삶의 길을 찾는 데도 나는 항상 올바른 길을 찾기까지 많은 시간을 헤맸다. 남들만큼 공부하지 못했기에 길게 나열하지 못하는 나의 프로필을 남들과 비교하며 나도 모르게 자격지심으로 내 삶의 길을 헤매기 일쑤였다.

그런 내가 삶의 이정표를 찾기 위해 붙들었던 것은 좋은 책을 보는 것이었다. 좋은 책을 읽는다는 것은 몇백 년 전에 살았던 가장 훌륭한 사람과 대화를 하는 것이다.

인생을 바꾸는 방법은 간단하다. 의사 결정력을 높이고 생각을 전환

하는 것이다. 이 방법은 너무나도 간단하지만 생각이 많은 나로서는 어느 길이 맞는 길인지 몰라 항상 고민하고 뒤돌아보게 되었는데, 책 속에서 만난 훌륭한 사람들의 삶을 통해 나만의 길을 찾아가는 데 몰입과 집중의 시간을 가질 수 있었다.

빨리빨리를 좋아하는 나는 대한민국 사람이다. 길을 헤매는 걸 싫어해 내비게이션에 의존하고 그중에서도 최적의 도로를 찾아 최대한 빠른 시간에 목적지에 도달하길 원한다. 그런 내가 책을 통해 길을 헤매지 않고 나만의 내비게이션을 스스로 만들어 내가 원하는 성공하는 삶의 목적지를 향해 열심히 달려가고 있다.

아직 목적지를 완벽하게 정하지는 못했다. 그리고 몇 킬로의 속도로 달려가고 있는지도 알 수 없다. 하지만 분명한 것은 나는 길을 헤매지 않을 것이다. 더 이상 자격지심을 갖지도 않을 것이다.

남들보다 아주 조금이라도 의사 결정력을 높임으로써 인생에서 내려야 할 수백 번의 의사결정에서 좋은 선택을 할 확률을 높였다.

이제부터 몰입과 집중을 통해 끊임없이 앞을 향해 도전하는 나의 삶은 더 이상 길을 헤매지 않고 직진만 할 것이다.

CHAPTER 5

엠스토리

송경숙

Mobile
010-8504-7440
Email
sim81203@hanmail.net

학력 및 경력사항

- 부산 카톨릭대학교 간호학과 졸업
- 부산대학교 경영대학원 MBA 졸업
- 고려대 명강사 최고위과정 18기 수료
- 엠스토리 대표
- 스카우트파트너스(주) 부사장
- 송파 재향군인회 자문위원

강의 분야

- 자기계발, 동기부여, 조직관리, 영업관리, 리더십, 직업교육

자격 사항

- 보건교사 자격증, 리더십 지도사 1급
- 평생교육강사 1급, 명강의 명강사 1급, 기업교육강사 1급

저서

- 명강사 25시(공저)

일 이야기

변화를 원한다면 사람, 일, 환경을 바꾸어야 합니다

같은 방법을 유지하면서 다른 결과를 기대하는 것은 어리석은 생각입니다.

같은 생각을 가지고 다른 방법을 찾아내는 것은 불가능합니다.

생각을 바꾸려면 변화가 필요합니다.

변화하기 위해서는 사람, 일, 환경을 바꾸어야 합니다.

자신의 의지로 바꿀 수 있는 것부터 시작해 봅니다.

행복하려면 일을 해야 합니다

칸트가 인간의 행복 요건 중 하나를 '일'이라고 했습니다. 빅터 프랭클은 『죽음의 수용소에서』라는 책에서 우리는 무엇인가를 창조하거나 어떤 일을 함으로써, 어떤 일을 경험하거나 어떤 사람을 만남으로써,

그리고 피할 수 없는 시련에 대해 어떤 태도를 취하기로 결정함으로써, 삶의 의미에 다가갈 수 있다고 하였습니다.

영화 〈인턴〉에서 로버트 드니로가 말했습니다. "인생은 일과 사랑이다. 그래서 나는 다시 일한다."

일을 할 수 있는 지금이 가장 행복한 순간입니다.

늘 처음입니다

〈이번 생은 처음이라〉라는 드라마가 있었습니다. 어찌 이번 생만 처음이겠습니까?

10대가 처음이고, 20대도 처음이고, 30, 40, 50, 60대 다 처음입니다.

만나는 사람마다 그 사랑도 처음일 수밖에 없습니다.

첫아이를 키웠으니 둘째는 잘 키울 것 같아도 한 아이의 부모가 처음이고, 두 아이의 엄마 아빠도 처음입니다. 이번 직장에서의 경험이 이직 후 제대로 먹히지 않는 건, 역시 그곳이 처음이기 때문입니다.

매 순간이 다 처음 살아 보는 인생인데, 그래서 서툰 건데, 그래서 안쓰러운 것입니다.

제대로 나아가고 싶습니다.

나는 누구인지 어디로 가고 있는지 물어봅니다.

잘 알고, 제대로 가고 있다는군요.

지인이 단톡에 올린 글입니다.

정갈함이 느껴집니다.

뭘 놓고 왔을까?

아님 '가지 않은 길'이 있었을까?

뒤를 돌아보게 됩니다.

잔소리를 조언으로 받아들이는 지혜가 필요합니다

옛날 지하철엔 푸시맨이 있었습니다. 그에게 내 등을 맡기지 않으면 밖으로 다시 튕겨 나옵니다. 두어 번 튕겨 나와 시루떡 같은 지하철 안으로 진입하지 못하면 정상궤도에서 벗어나 버립니다.

가끔은 그나마 시루떡 같은 지하철이지만, 정상궤도에서 이탈되지 않게, 힘껏 밀어주는 푸시맨이 있으면 좋겠습니다.

그러는 데는 다 이유가 있습니다

바람이 불면 저절로 닫히고

일 없을 땐 한낮에도 늘 닫혀 있네.

열리고 닫힘이 그때그때 형편에 따르니

하늘과 땅 사이의 이치가 바로 여기에 있다네.

'사립문'이라는 한시입니다.

그렇게 했기 때문에 성공했고

그래서 실패한 것입니다.

그랬기 때문에 다시 성공할 수 있었고

그대로 머물러 있는 것도 그러한 이유가 있기 때문입니다.

최고의 진리에는 순리라는 것이 숨어 있는 것 같습니다.

'선한 영향력' 너무 좋은 말입니다

이름만 대면 알 만한 중견기업 CEO의 이야기입니다.

형편이 어려운 농사꾼의 아들로, 시골에서 고등학교 졸업 후 대학을 가겠다고 서울로 올라와 삼수 끝에 소위 말하는 명문대에 진학하였습니다.

집안 형편이 좋지 않아 삼수를 하는 2년 동안 학생 관리, 학원 청소 등의 일을 하면서 학원비는 내지 않았고, 하루 한 끼 먹으면서 공부하였습니다.

대학 합격 후에는 스스로 학비를 벌어 졸업하겠다는 약속을 지키기 위해 한 달에 3~4개의 아르바이트를 하였으니, 대학 성적이 제대로 나올 리가 없었습니다. 그때 같은 과의 선배 다섯 분이 뜻을 모아 '성적 부진' 장학금을 주었다고 합니다.

집안 형편이 어려워 공부를 제대로 할 수 없는 상황에 있는 후배들을 위한 선배님들의 배려가 참으로 지혜로웠다는 생각입니다.

얼마 전 이분께서, 본인이 받았던 것과 같은 장학금을 지원하겠다고 하셨습니다.

'선한 영향력'

이도 경험에도 나오는 따뜻한 감사의 결정체였습니다.

지금 자리가 꽃자리입니다

지리하게 오르는 산이라 지리산이라 하더니…

사는 게 딱 그 산을 오르는 기분입니다.

하지만

인간의 능력이란 참으로 대단한 것이어서

더한 시절도 버텨온 능력으로

우리는

이 또한 지나갈 것을 이미 알고 있습니다.

지나 보니, 그때가 꽃자리였네요,

또 지나 보면 지금이 꽃자리겠지요…

산다는 건 그저 하나하나 헤쳐 나가는 것인가 봅니다.

내가 지금 입은 옷이 외출의 이유입니다

홈웨어, 일상복, 운동복, 드레스, 슈트 등

옷은 장소에 맞게 나를 데려다줍니다.

나의 마음을 긴장시키기도 하고, 때로 편하게도 해주며,

나의 자세를 바르게 해주기도 하고, 예의 바르게 만들어 주기도 합니다.

왕자의 눈에 띈 건 신데렐라의 미모가 아니라

신데렐라의 화려한 황금색 드레스였습니다.

'외모가 경쟁력입니다.'

인문학적 소양이 필요합니다

사소한 일에 분노가 느껴지고, 대화가 제대로 되지 않고,

배려가 익숙지 않고, 냉소적이고, 마음은 늘 불안하고,

인내는 부족하고,

게다가

나만 정당해서 늘 불만스럽습니다.

왜 그럴까요?

'인문학적 소양이 없어서'가 아닐까요?

인문학적 소양은 흑백논리가 아닌 다르다는 것을 인정하는 것입니다.

'인문학적 소양'은 책 속에서도 얻을 수 있겠지만,

'치열했던 삶' 속에서 길러진다고 생각합니다.

Back to the Basics

퇴직 사유는 늘 존재합니다.

의외로 '인간관계'가 꽤 많은 부분 우리를 회사에서 떠나게 합니다.

더 좋은 조건을 찾거나, 결혼, 육아, 지겨워서도 이유가 됩니다.

하지만 새로운 곳은 늘 힘듭니다.

그럼에도 불구하고, 그곳이 어디든

초기 몇 개월, 몇 년 동안 쏟아부었던 에너지가 Base가 됩니다.

가끔 일에 대한 열정이 식어 버릴 때, 그만두고 싶은 충동이 일 때,

마음을 다져 보십시오.

'Back to the Basics'

하지만, 처음에 만들어 놓은 Base가 없으면

'Back to the Basics' 할 곳이 없습니다.

이 Base가 바로 '실력' 아닐까요?

머물 곳이 있다는 건 축복입니다

이직은 희망이며, 승진은 잔인함이며, 구직은 전쟁이다.

나의 두 번째 직장은 공공기관이었습니다.

공무원보다 더 좋다는 준공무원,

정년이 보장되고 퇴직 전 공로연수도 1년 있습니다.

하지만 딱 단점이 '승진'이 쉽지 않다는 것입니다.

물론 어디든 승승장구하는 사람들이 있지만

비교적 많은 이들이 한 자리에 오랜 기간 머뭅니다.

심지어 비슷한 시기에 입사한 동료들 중에는

수십 년 동안 겨우 한 자리 상승이거나 아직도

같은 직위에 머물러 있는 동료들도 여전히 많습니다.

그래서 한동안 승진은 참으로 '잔인한 것'이라 생각했습니다.

하지만 입사가 되고 안 되고는 '천당과 지옥'이라는 생각이 듭니다.

구직, 승진이 혹독하게 느껴지는 건 절대 내 의지로 이룰 수 없어서 일 겁니다.

'이직'이 희망으로 보이는 건, 내가 선택할 수 있고,

그럼에도 불구하고, 여전히 머무를 곳이 있기 때문이 아닐까요?

무슨 일이든 풋대가 있어야 합니다

대학병원에 근무하다가 개원한 치과선생님이 계셨습니다. 개원 후 원장으로서보다는 한참을 교수로 머물러 있는 듯했습니다.

대학 근무 시 자신의 진료를 받으려면 최소 2~3개월을 기다려야 했고, 대학병원에서의 본인은 최상의 치료만 신경 쓰면 되지 않았을까요? 이는 이분의 자만심이라기보다 직업에 대한 자존심, 자존감이라 생각했습니다.

그러던 어느 날 이런 말씀을 하셨습니다.

"내 딸이 치대에 입학하고, 내가 하고 있는 일이 가업이 된다고 생각하니 찾아오는 환자분께 90도 인사를 하게 되더라고."

현재의 마음가짐이 '어떻게 살아야지'라는 답을 주기도 합니다.

라떼는 말이야

"엄마는 6.25전쟁 때 시체를 밟으면서 피난을 왔어. 그땐 먹을 게 없어서 하루에 한 끼만 먹었어. 엄마는 너네처럼 돈을 벌어서 모은 게 아니라 아끼고 안 쓰면서 모았어. 하루 세끼 장작불로 밥하다가 연탄이 나오니까 너무 좋았어."

내가 신입 때는 30분 먼저 출근해서 앉아 있었습니다.

난 땡 하고 퇴근한 적이 없었습니다.

우리 때는 화요일 목요일은 늘 화목하게 야근을 했습니다.

일이 하기 싫다는 게 이해가 안 됩니다.

그땐 그런 생각을 할 겨를도 없이 일을 했습니다.

사 남매의 빨래를 손으로 직접 하는 것을 보고 자랐고,

세끼 밥을 연탄불로 짓는 걸 보았고,

예쁜 옷을 입은 엄마 모습을 본 기억이 거의 없습니다.

자기 회사도 아니면서 휴가 주는 것도 아까워하는 상사를 욕했고,

다소 강제성 있는 야근을 시킨 게 미안해서인지

늦은 밤 밥을 사주던 상사를 고마워하기도 했고,

저 사람은 일 아니면 뭐가 있을까 싶을 정도로 일에 중독되어 있는

사람들을 수없이 보아왔고,

라떼는 그랬습니다.

왜 이 말이 그렇게 듣기가 싫을까요?

복고풍 드라마가 나올 때마다 열광을 하면서

왜 그 시절의 말은 그리도 듣기 싫어할까요?

선배들의 살아온 이야기를 듣는 것만큼 큰 감동은 없을 것 같은데,

'라떼는 말이야~'야말로 고수들이 할 수 있는 말이 아닐까요?

인생의 피크~

어느 해 송년 모임을 하면서 불현듯.

내 인생에 '올해 같은 해가 또다시 올까?' 하며 가졌던

벅찬 느낌을 지금도 생생하게 기억하고 있습니다.

하지만 그 정점을 유지하는 것이 너무나 힘들다는 것을,

얼마 되지 않아 알 수 있었습니다.

그럼에도 불구하고 그때의 그 벅참이 지속적으로 큰 힘이 되었습니다.

목표가 목적지가 없듯이 '인생의 피크'도 갱신되기도 하겠지만,

정점이라 느껴지는 '그때'가 한 번만이라도 있다면

나머지는 감사함으로 살아갈 수 있을 것 같습니다.

하고 싶은 일을 하면서 산다는 것

어느 날, 차 안 라디오에서 흘러나오는 말입니다.

"마지막으로 하실 말씀은"

"네에 저는 큰 욕심 없어요. 저는 그냥 제가 쓰고 싶은 글 실컷 쓰고,

하고 싶은 것 하면서 세끼 밥만 먹으면 되요."

순간 헛웃음이 나왔습니다.

그렇게 살기가 얼마나 힘든 건데,

한참 전 일인데도 이 말이 잊히지 않습니다.

나도 그렇게 살고 싶었습니다.

세월이 지나도 여전히 해야 할 일들로 가득합니다.

지금 이만큼인 것에 감사합니다

나름 업력이 쌓이고 어느 순간

누군가의 승진 소식을 접할 때면

'나도 계속 있었으면, 혹시 저 자리가, 적어도 저 자리까지는'

아무렇지 않은 척 태연히 있어 보지만,

가끔은 씁쓸할 때가 있습니다.

하지만 이내 그들이 그 자리까지 남아 있는 여러 이유도 알 것 같고,

때로 그들의 성공(?) 소식들이 자극이 되기도 합니다.

아직까지 에너지가 남아 있는 건지, 아쉬움인지,

그래도 늘 이만큼인 것에 감사합니다.

그래도 일은 일터에서 하고 싶습니다

코로나로 언택트 근무, 언택트 미팅, 언택트 인터뷰

언택트 속에서 살아 보니 우울함이 몸을 지배하며 아픔까지 느껴졌습니다.

평생을 일터에서 보내서 그런지 언택트가 영 편치 않았습니다.

다양성과 글로벌한 시각에서 벗어나지 못해서일까요?

여전히 일터에서 일할 때가 효율적이고 몰입도 잘되었습니다.

오랜 시간 만들어진 습관을 바꾸기가 쉽지 않음을 느끼며,

새로운 기도가 시작됩니다.

앞으로도 함께하는 공간이 사라지지 않기를 바랍니다.

어느 드라마에서 이렇게 멋진 말을 했습니다.

"공간은 추억을 담고 있다. 시간이 추억을 만드는 게 아니라."

공자도 자기 자식은 다른 사람 손에 맡겼다고 합니다

자녀에게 부모가 하는 말은 거의 잔소리로 치부됩니다.

조직에서도 같은 현상이 일어납니다.

상사가 하는 말은 대부분 긍정적으로 받아들여지지 않습니다.

그러나 외부에서 초빙되어 어쩌다 한번 듣게 되는 말에는

집중하며 쉬이 감동을 받습니다.

사실 부모님이나 상사가 지척에서 물심양면 쏟아내는 애정에

비할 바가 아닌데도 말입니다.

그러나 그 어떤 입장에서든 섭섭해하거나 상처 입지 마십시오.

부모님이나 상사가 하는 말은 된장찌개,

외부 강사나 학원 선생님이 하는 말은 스테이크,

적절한 비유인지 모르겠습니다.

사는 이야기

때로는 기다리는 것도 괜찮습니다

스킨 스쿠버를 하는 지인의 말입니다.

"해류를 타면 가만있어도 500미터를 가고

벗어나면 온갖 용을 써도 5미터를 가기 힘듭니다.

그래서 나를 갖추고 기다립니다."

너무 힘들면 잠시 흐르는 대로 가만히 있어 보십시오.

달리는 호랑이 등에서 내릴 수는 없습니다.

살아 보면 압니다.

내 의지대로 되는 게 그리 많지 않다는 것을,

앞으로 좋은 일만 남아 있습니다

고 장영희 교수(영문학자, 수필가)는 『살아온 기적, 살아갈 기적』에서

인생은 행복의 흰색 바둑알 5개와 불행의 검은색 바둑알 5개가
주머니에 넣어져 있다고 하였습니다.
만약에 당신이 지난 시간이 힘겨웠다고 생각이 들고
지금 불행하다고 느껴지면,
검은색 바둑알을 먼저 사용한 것이어서
주머니에는 행복의 바둑알이 남아 있다고 하였습니다.
희망과 시련은 서로 교차하면서 우리 곁에 있습니다.
하지만, 행복도 늘 우리 곁에 있습니다.

좋은 사람들과 함께해야 합니다

우리의 얼굴은 누군가에게는 탁월함의 기준을 높이는 자극이 되기도 하고, 그 기준을 낮추는 자극이 되기도 한다.

그런 의미에서 우리는 서로에게 탁월함에 대해 빚을 지고 있는 셈이다.

탁월한 사람들 옆에서 시간을 보내다 보면 탁월해질 가능성이 높다.

안주하는 사람들 옆에서 시간을 보내면 안주하는 삶을 살게 될 가능성이 높다.

우리 중 누군가는 탁월함 유발자이고, 누군가는 안주함 유발자인 셈이다.

최인철의 『프레임』 중에서 발췌한 글입니다.

'끼리끼리'라는 말이 생각납니다.

살짝 두려운 말 같기도 합니다.

지금 우리 곁에 있는 사람들이

나의 탁월함 유발자이자 안주함 유발자입니다.

무조건 지지해주는 누군가가 있습니까?

호랑이를 잡을 때 사냥꾼은 통상 네다섯 마리의 사냥개를 풀어놓습니다.

사냥개는 호랑이에게 달려가 싸웁니다.

과연 네다섯 마리의 사냥개가 호랑이를 잡을 수 있을까요?

아마 사냥개 수십 마리도 호랑이를 대적할 순 없을 겁니다.

그런데도 사냥개는 호랑이에게 달려가 싸웁니다.

왜일까요?

사냥개는 뒤에서 사냥꾼이 호랑이를 향해 총을 겨누고

자기 대신 싸워 줄 것이라는 것을 알기 때문입니다.

세상을 살면서 이렇게 든든한 누군가가 뒤에 있다면

못 할 것이 없을 것 같습니다.

어쩌면 우리가 이미 그 누군가가 되어 있을지도 모르겠습니다.

추억이 꿈을 대신할 때 우리는 늙어가고 있습니다

미국의 전직 대통령이 한 말입니다.

과거를 돌아보는 것이 아쉬움만 있는 것은 아닐 겁니다.

지난 시간이 지금의 나를 아름답고, 견고하게 만들어주었습니다.

꿈과 추억이 뒤범벅되어 만들어지는 것이 인생인 것 같습니다.

지금, 꿈을 가지고 계십니까?

추억을 떠올리고 있습니까?

행, 불행은 주식 선과 비슷합니다

사람은 숨이 끊어지기 바로 직전 30초가량,

태어나서부터의 긴 삶의 여정이 전광석화 같은 Flash back으로 보인다고 합니다.

이때 이 30초의 회상으로

'내 삶은 행복했구나.' 혹은

'이번 생에서 내 삶은 고달팠구나.'

그리고 눈을 감는다고 합니다.

이 말이 믿어지시나요?

일단 믿는다는 전제하에서입니다.

살아 보면 알게 됩니다.

쭈욱 이어지는 행복과 끝나지 않은 불행은 없다는 사실을,

한 곳에 머물러 평온이라고 생각 드는 그곳이 행복하셨는지요?

도전과 경험 속에서 성취감을 느꼈을 때 행복하셨는지요?

주식의 상승, 하락 곡선처럼 인생의 행, 불행도 출렁거립니다.

행복의 상승곡선 꼭짓점이 많을수록 행복하다고 느낀다고 합니다.

우리를 위한 기도를 드립니다.

모두가 행복의 상승곡선을 탔으면 좋겠습니다.

마음의 평온을 유지하는 데도 훈련이 필요합니다

마음의 평온을 가지기 위해서는

배려, 공감, 이해가 필요한 덕목일 것 같습니다.

이러한 마음 씀이 부족하면서 평온을 유지하려면,

주위가 완벽하거나, 나의 의지대로 움직여 주거나,

가진 것도 많고 강해야 합니다.

하지만 이는 거의 불가능합니다.

그러니 자신의 평온을 위해서라도

배려, 공감, 이해하는 마음훈련이 필요할 것 같습니다.

거리를 두고 보면 아름답지 않은 것이 없습니다

영화나 드라마 속 주인공이 부러울 때를 지나

노래나 이야기 속 주인공들이 아름답게 느껴지는 나이가 되었습니다.

사랑 말고 사람이,

참 지겹기는 하지만 그래도 사람이 참 좋습니다.

거리를 두고 보면 아름답지 않은 사람이 없습니다.

공감은 너무 어렵습니다

공감은,

같은 경험이나 상황에 처하지 않고서는 공유하기 어렵습니다.

하지만 공감 능력을 키울 수는 있을 것 같습니다.

촘촘한 결로 쌓여가는 삶의 깊이가 필요하다는 생각입니다.

치열한 삶은 우리를 크게 성장시키면서 공감할 수 있는 능력을 키워 줍니다.

엄마의 기도로 우리는 성장합니다

"나 같은 엄마를 만나 넌 좋겠다."

주위에서 종종 하는 말이지요.

가끔 딸이 그럽니다.

"나 같은 딸이 있어 엄마는 좋겠다."

속으로 생각합니다.

너 같은 딸을 만들기까지

'너를 꽃피우기 위해 내가 거름이 되어버렸다'고

차마 내 입으로 말하기 쑥스러워

'가족사진' 가사 일부 가져옵니다.

헷갈립니다.

철철 넘치게 베푸는 요즘의 부모를 만난 아이들이 행복한 건지,

이전 같지 않은 친구 같은 자녀들이 있어 부모가 행복한 건지,

분명한 건,

엄마가 나를 꽃피우기 위해 거름이 되어버렸습니다.

사람들과 함께할 때가 그래도 좋습니다

잘 정리되고, 조용하고, 아늑하고, 향기 좋고, 평온하고, 편리한 집

그럼에도 불구하고

시끄럽고, 음악은 내 취향이 아니고, 커피 값도 비싸고,

한곳에만 앉아 있어야 하고, 주위는 산만하고,

그럼에도,

두런두런 들리는 목소리, 설렘을 주는 음악, 부드러운 카페라떼,

확 트인 시야, 정겹게 느껴지는 분위기,

때로 외경에 마음까지 빼앗기는 이곳 커피숍이 참 좋습니다.

이것저것 SNS 살피다가 미소 짓게 되고, 문득 나도 글 긁적이다가,

인생 뭐 있나?

이렇게 소소히 행복하면 되지,

혼자보단 어우러져 있을 때가 그래도 행복합니다.

사랑은 늘 어렵습니다

사랑은 혼자 있을 때만큼 함께 있어도 좋은 것

– 바스테트

사랑은 혼자 있을 때보다 함께 있을 때 좋은 것

– 바스테트를 사랑하는 피타고라스 베르나르 베르베르 『고양이』 중

처음엔 후자에 한 표였습니다.

다시 생각해보니 지금은 전자입니다.

집사님들 생각은요?

그래도 가끔은 술술 풀렸으면 좋겠습니다

문득

삶을 되돌아보게 되는 순간

나이가 들었음을 느끼게 됩니다.

좋은 일로 그런 계기를 맞이하면 더할 나위 없겠지만,

인생이라는 게 어렵지 않고서는 반추하기가 쉽지 않습니다.

가끔 전생에서 나라를 구한 듯 술술 풀리는 사람들을 보게 되면,

부러움보다 옹심이 나기도 하지만,

'각자의 삶' 속에서 누릴 수 있는 작은 기쁨을 찾아낼 수 있다면

그게 바로 자신에게 주는 가장 큰 보상이 아닐까 싶습니다.

이런 게 '삶의 경지'가 아닐까요?

하지만, 때로는 나도, 우리도

전생에서 나라를 구한 듯 뭘 해도 술술 이루어지는

좋은 일로 가득하기를 간절히 바랍니다.

잘 말하기는 너무 어렵습니다

잘 말하는 건 대단한 능력이며,

성공의 필요한 부분이기도 합니다.

하지만 말이 많은 건 다른 문제입니다.

말이 많아질 때는 대부분 자기 자신을 드러내고 싶어 할 때나

자신감이 결여되어 있을 때입니다.

말 잘하는 것보다

말을 아낄 때가 더 단단해 보이긴 합니다.

함께하면 행복은 두 배가 되고 슬픔은 반이 된다고 합니다

정말 그렇던가요?

사람이 많으면 많을수록 슬픔과 노여움은 숫자만큼 늘고,

행복은 줄어드는 것 같습니다.

삶은 행복해지려고 사는 게 아니라

불행을 하나씩 줄여가는 것이라고 말한 철학자도 있습니다.

곱씹어 보면 짜증 나는 말인데 은근 위로가 되기도 합니다.

마치 신께서 모든 이에게 고루 행복은 주지 않았지만

고루 불행은 뿌려 놓은 것 같아서요.

행복을 찾는 건 내 의지입니다.

용기도 자꾸 써먹어야 합니다

용기는 무너져 버리는 일이 없다.

숨어 있는 힘인 것이다.

작가 펄벅이 그의 책『딸아 너는 인생을 이렇게 살아라』에서 한 말입니다.

용기는 마음의 근육질 같습니다.

삶의 방식은 다양합니다

때로 인생을 통달한 듯 사는 사람들이 있습니다.

지금 죽어도 아무 여한이 없는 듯,

삶을 너무 진지하게 사는 사람들이 있습니다.

매사 신중하고, 뭐든 해 봐야 하고, 주고받는 것을 싫어하고,

마음을 주는 것조차 조심스러워 하는,

그래서 다른 사람의 마음을 읽어 내는 데 서툽니다.

전자는 삶을 다소 가볍게 볼 수도 있겠다 싶고,

후자는 행복하지 않을 것 같다는 생각이 듭니다.

바닥도 있고, 성공도 있고, 잃어도 보고, 포기도 해 보니

삶이 뭐 별거 있어? 그냥 사는 거지, 싶다가도,

그래도 아직은 순간순간 옷깃을 여미고, 신발 끈을 묶고…

다짐도 해 보는, 진지한 모습이 싫지가 않습니다.

자녀는 그 자체로 축복입니다

두 아이가 웬만큼 자랐을 때,

자녀가 한 명인 또래분들을 보면

"둘만 낳아 잘 기르자" 시대에

어찌 하나만 낳을 생각을 했냐고,

대단한 선견지명이라고 말합니다.

그러면 그분들도 여태껏

제일 잘한 게 아이 하나 낳은 거라고 답합니다.

가끔은 그랬습니다.

두 아이 키우기가 왜 이리 힘든 건지,

도대체 우리 부모님들은 5~6명 심지어는 8~11명을 어찌 키워 내신 건지,

하지만 이 생각도 잠시

아이가 하나여서, 둘이어서, 셋이어서,

삶이 더 행복하거나, 수월하거나, 더 힘겨운 건 아니라는 걸 알았습니다.

아이는 삶의 원천이고, 푯대고, 그 자체로 행복이었습니다.

나의 스토리가 드라마입니다

나이 들어 좋은 건, 스토리가 많다는 것입니다.

달리 말하자면, 감사할 것과 반성할 것이 수시로 떠오르고,

딱히 누구에게 배우지 않아도 그동안 터득된

성공과 실패의 노하우도 쌓여 있습니다.

가끔은

나에게도 묻고 싶고, 다른 사람들에게도 궁금합니다.

살아오면서 목표가 뭐였는지, 이정표는 있었는지,

하지만

의외로 꿈과 목표에 대하여 물으면 입이 턱 막혀 버립니다.

꿈이라, 목표라 생각지는 않았지만,

지나 보니,

뭔가가 이룬 게 있다고 느껴진다면, 더할 나위 없이 행복하지 않을까요?

크게 이룬 것 없지만 지난 시간,

최선을 다했던 그 순간이 있었다면 나름 만족스럽지 않을까요?

가장 열정적이었던 그때를 생각하면,

지금도 감사하며 마음이 풍요로워집니다.

"열정" 그 자체가 최고의 "능력"임에는 틀림없는 것 같습니다.

CHAPTER 6

둘망초 삶을 꿈꾸며

이기자

Mobile
010-9088-6999
Email
ikj8635@naver.com

학력 및 경력사항

- 전)경민대 최고지도자 과정 수료
- 전)신한대 최고지도자 과정 수료
- 전)한북대 원우 13기 회장
- 고려대 명강사 최고위과정 18기 윤리위원장
- 전)의정부 농협 부녀회 감사
- 현)의정부 종로금은방 대표
- 현)경기 북부경찰청 경우회 자문위원장
- 현)법무부 의정부 검찰청 법사랑 부회장
- 현)양주시 산림조합 대의원
- 현)의정부 새마을 협회 이사
- 현)신한대 8기 자문위원장

강의 분야

- 힐링, 부부상담, 청소년상담, 시니어교육

자격 사항

- 명강사 명강의 1급, 부모교육상담사 1급, 노인교육강사 1급

수상 경력

- 국회의원 표창, 법무부장관 감사장, 경찰청장 감사장, 경기도의회 의장상, 의정부 시장상

저서

- 명강사 25시(공저)

강건하고 행복하게 나이 드는 법

우리나라는 OECD 국가들 중 노인 빈곤율이 가장 높은 나라로 진입하고 있다. 어쩌면 지극히 당연한 일인지도 모른다. 현재 70세 이상 연령층의 한국 노인들은 모든 것을 자식에게 다 바친 경우가 대다수이기 때문이다. 모든 것을 자식에게 쏟고 자신은 완전히 빈집처럼 되어버린 분들이 많기 때문이다. 예전처럼 수명이 길어야 60살 전후라면 문제가 되지 않았다. 노후대책이 그다지 중요하지 않았기 때문이고 당시에는 대가족하에서 자식들이 대부분 부모를 모셔왔다. 하지만 이제는 기대수명이 120세를 바라보고 있다. 모두 비워주고 빈집이 되는 노인들은 국가의 도움에 연명해야 할 처지이다. 때문에 건강한 노년 준비는 더욱 필요하지 않을 수 없다.

국가나 사회복지사들의 도움에만 의지한다는 것은 무책임한 일이다. 분별없는 삶과 판단미스로 초래한 비극적인 노후를 국가와 사회에 전가시키는 셈이다. 오히려 리어카를 끌면서 폐지를 줍는다거나 길거리에 앉아 소량의 물건을 놓고 판매하는 분들은 자신의 삶에 책임을 지고 살아가고자 노력한다. 놀랍게도 그분들의 경우 가난하여도 외롭거나 홀로이지 않는 분들도 많다. 다만 그렇게 할 수 있는 것은 살고자 하는 의욕이 있기에, 오히려 그러한 힘겨운 노동이 건강한 삶의 원동력이라 할 수 있다. 문제는 아무런 의지 없이 밖으로 나오지 않고 골방에서 먹고 자는 노인들이다. 해마다 고령자들이 늘어나는 현실에서 국가는 뚜렷한 대안을 찾기가 쉽지 않을 것이다. 아이들은 태어나지 않고 노령인구만 늘어나는 현실은 우리에게 절망이다.

나도 나이가 늘어가면서 노년기에 접어들고 있지만 노년의 삶에 중요한 것은 두 가지라고 여겨진다. 빈곤하고 부유하고의 문제는 어쩌면 노년의 삶에 그다지 문제가 되지 않는다. 자세와 태도가 더 문제라고 본다.

첫째는, 노인이 되지 않기 위한 정신적인 강건함이다. 육체는 필연적으로 노화가 되지만 육체와 삶을 관리하고자 하는 태도가 중요하다. 육체의 노화는 막을 수 없겠지만, 정신의 노화와 게으름을 막는 것은 얼마든지 노력으로 가능하다. 자식에게 매달리지 말고 흔쾌히 놓아주며, 지금 내 주변에 있는 이웃들, 사회적 관계망을 통해 건강한 정신, 건강한 육체를 이어나가야 한다. 그러자면 자연과의 만남도 즐길 줄 알아야 한다.

두 번째는, 그에 대한 구체적인 목표와 계획이 있어야 한다. 목표를 세우고 매일 실행에 옮기면서 오늘을 살아야 한다. 국가가 무언가를 해주기를 바라는 것은 자기 자식에게 바라고 자기 자식에게 짐을 돌리는 것보다 더 나쁜 심보이다. 아침에 눈을 뜨면 오늘은 무엇을 해야지 하고 계획을 세우고, 그것을 실천해 나가노라면 틀림없이 복이 오게 된다. 나는 그런 마음에서 지난 수년을 미래계획을 세우고 하루하루를 걸어왔다.

금은방 사장님에서 풋내기 만학도가 되다

나는 사람답게 살아 보겠다는 목표 아래 인생 2막을 준비하여 왔다. 한때 직업으로 금은방을 운영하였다. 부모님께서 금은방을 권면하여 종로에서 귀금속 공부를 마치고 금은방을 오픈하여 지금까지 30년을 지내 왔다. 귀금속의 알파와 오메가를 배워 온 셈이다. 금은방을 하면서 토, 일요일이면 교회에 나가 예배드리면서 지내오다 보니 외로움이나 적막함보다는 활력이 넘친다. 마음과 영혼의 안식을 얻고 지내온 셈이다. 그러나 금은방을 경영하는 것은 쉬운 일이 아니다.

금은방을 시작할 때 장물인 줄 모르고 사입한 경험이 있다. 금은방 사업은 남녀가 따로 구분 없이, 항상 위험이 따르는 직종이기도 하다. 고가의 금붙이나 값비싼 진주, 다이아몬드 등 가격도 가격이지만 돈에 얽히다 보니 수많은 사연들이 남녀 고객을 불문하고 따라다녔다. 초창기 한때는 모르고 물건을 조금 구입하였는데 장물이라고 하여 많은 상처와 고통을 받았다. 철저하게 매입 장부를 기재했지만 무용지물에 불과하였다. 고생은 이만저만이 아니었다.

사업장에 나가 경찰 조사를 받고, 대질심문을 받던 그 경과처분의 과정은 이루 말할 수 없이 힘들었다. 그로 인해 두 아들도 한창 성장기에 심리적으로 상당한 충격을 받았다. 아들 둘은 군에 입대한 후에도 그 여파로 한때 말 못 할 우울증을 잠시 겪었다. 그때마다 신앙의 힘은 나에게 큰 위안과 평안이었다. 오랜 시간이 지나면서 사업과 삶의 대부분도 점점 안정이 되어갔다. 그런지 10여 년이 남짓 지났을 때 지인 한 분이 오셔서 야간 대학에서 공부를 좀 하시면 어떻겠냐고 넌지시 제안하셨다. 마음에는 그다지 와닿지 않았지만 고민 끝에 인생2막을 새롭게 준비하는 것도 큰 의미가 있겠다 싶어 학교를 선택하여 한북대와 경민대, 신한대 등에서 3년 동안 열심히 배움의 터를 갈고 닦았다.

만학의 기쁨이 이런 것인가 싶었다. 학우들과 어울려 삶과 인생의 이야기 짐 보따리를 풀어놓고 담소를 나누면 인생의 지혜가 한가득 몰려왔다. 그 기쁨으로 나는 새로운 삶의 도전을 시작하였다. 30여 년 가까이 운영하던 사업은 나이와 함께 아는 지인에게 넘기고 함께하는 삶, 나누는 삶, 노년의 행복을 즐기는 삶을 살기로 마음먹었다.

삶을 더욱 풍요하게 만든 '배움'의 기쁨

그리고 시작된 공부와 학업의 과정들은 나를 한 단계 더 높은 차원으로 발전시켰다. 경민대 국제미래최고 지도자교육을 받을 때에는 국제미래 경영자 교육을 받으면서 졸업여행으로 미국 샌프란시스코를 12박 13일로 다녀왔다.

국제미래경영자 1기였다. 경민대에서 실시하는 최고경영자 과정이 당시 경민대로는 처음 발판 삼아 쉽지 않고 힘들었을 터인데 지금은 9기 정도가 되었다. 국제미래경영자 과정은 창설하면서 부잣집 출신만 모집한다는 뜬소문이 자자했다. 아무나 들어갈 수 없다는 의미도 있었겠지만 수료를 마치고 지역과 사회봉사에 앞장서는 분들이 많다. 나는 수료 후 경기북부경찰청 자문위원장으로 6년을 봉사하고 올해 11월 23일까지 업무를 마치고 새마을 협회에서 봉사하고 있으며 이사로 선임된다.

기사님 생신

경민국제미래경영자과정(KIFA) 1기 해외 연수
STANFORD UNIVERSITY & SILICON VALLEY 기업체 견학
일시 : 2017. 6. 13. ~ 22.
장소 : 미국스탠포드대학교 및 실리콘밸리
KYUNGMIN UNIVERSITY

새마을 협회 봉사회관에서 이사의 사명감을 가지고 봉사하지만 항상 재미가 있다. 한북대와 경민대, 신한대의 과정까지 수료하는 데에는 꽤 오랜 시간이 소요되었다. 가족 같고 때로는 형, 동생이나 누나같이 서로 존중하면서 지난한 배움의 벽을 넘고 있다. 현재 고려대 과정까지 나름 힘은 들지만 수료식을 잘 마무리하면 의정부 농협이나 양주 산림조합의 임원 등을 맡으며 봉사하고 싶다.

내게 있는 것을 이웃과 나누고, 손을 펴고, 돌봐 주고, 함께하는 삶이다. 그리고 끊임없는 열정으로 배우면서 살아가는 삶은 언제나 청춘인 것을 주변의 수많은 친구들에게 경험으로 말해 준다. 말하자면, 살아오는 동안 가지게 된 것들을 놓고, 주름진 손을 펴서 어린 누군가를 잡아 주고, 내게 있는 것을 나누어 주노라면 삶이 얼마나 정신을 푸르게 만드는지 모른다.

어려운 이웃들을 섬김으로 여기는 것은 삶의 큰 축복이 아닐 수 없다. 집에 돌아와서는 옷을 갈아입고 밭으로 가서 농사를 지으며 일과 보내는 것도 얼마나 재미있는지 모른다. 신앙과 일과 사회단체 모임 등으로 늘 바쁜 하루들을 보내지만 함께 어우러져 가면서 만드는 세상은 나를 부유하게 하였던 것이다. 인간을 쓸모 있는 삶, 보탬을 주는 삶으로 존엄하게 만들어가는 것은 그 존엄함이 진정한 노년의 행복을 만든다.

이제는 법무부 법사랑 위원으로도 활동하고 있고, 경기북부경찰청 재향경우회 자문위원장으로도 활동하던 시절에도 많은 추억들이 있다.

또한, 의정부 농협 조합원으로 가입하여 20년째 농협 발전을 토대로 의정부 지역 발전을 위해 낮은 자세로 봉사하고 있다. 양주 산림조합에서도 대의원으로 활동 중이다. 이러한 이야기는 나의 이력을 높이 세우기 위함이 아니라, 그저 쓸쓸하고 힘겨운 노년을 보내는 동년배들에게 활력 넘치는 삶을 되찾아주고 싶기 때문이다. 아무리 필러를 하고 주사를 맞아도 하늘이 준 본래의 모습은 쉽게 바뀌지 않을 것이다. 내 생각으로는 오히려 얼굴이 비정상적으로 팽팽해져도 허물어져가는 육체를 다시는 되돌리지 못한다. 그러나 정신은 다르다. 목표를 세워 누구보다 아름다운 황금빛 노년의 꿈을 꾼다면 반드시 그 목표에 가까이 서있는 자신을 발견하게 되리라 믿어 의심치 않는다.

나를 살아가게 하는 힘, 지역사회 활동

경기도북부자치경찰청에서는 경찰복지와 지역민간위원과의 연계에 초점을 두고 함께 경찰발전에 헌신하고자 하는 마음이다. 등하교 시간대 학교 주변 교통안전 대책, 여성 대상 범죄의 예방 활동, 교통사고 안전교육 강화 등 도민 생활과 밀접한 현안에 대해서도 함께 논의를 진행한다. 안전 등하굣길 조성을 위해 미비한 점은 없는지 등의 여론 수렴도 하고 안전 설비가 미비한 곳은 중점 발굴하여 취약 사항을 개선하기도 한다.

막상 경찰청의 복무현황을 보면 여간 헌신적이지 않을 수 없다. 특히, 최근에는 마약이나 데이트폭력, 여성 불법 촬영 등 여성, 어린이 대상범죄 등도 꾸준히 증가 추세여서 예방 활동을 위해 기관 간 협조를 더욱 활발히 전개하고 있다. 녹색어머니회, 교통안전 협력 단체 등과도 함께 협력 지원하는 것이다. 불법행위로 인한 법 집행 차원에 앞서

범죄가 우려되는 부분에 대한 적극적인 교육과 홍보 등도 연구함으로써 보다 안전하고 건강한 사회가 되도록 함께 노력해 나가기 위함이다. 지역 치안 문제에 대한 주민참여와 생활안전관련 주민계도 차원의 홍보활동 등도 하고 있다.

이와 같이 다양한 지역사회 활동은 신앙생활과 더불어 나의 생활과 가족의 삶에 풍요로운 자산이 되고 있다. 봉사의 넉넉한 마음들이 주변의 지인관계와 함께 노년으로 향하는 나의 삶에 원기를 불어넣는 힘이 되고 있다.

한편, 최근 경기도 북부지역은 서울과의 접근성이 개선되면서 귀농, 귀촌을 희망하는 사람들의 발걸음도 잦아지고 있다. 먼저, 양주지역산림조합은 양주시, 남양주시, 의정부시, 동두천시, 구리시 등 5개 지역이 모인 조합이다. 양주지역산림조합은 지난 1949년 양주군산림조합으로 발족한 이후 70년의 역사를 자랑한다. 지난 2009년부터 10여 년간 윤희구 조합장이 이끌면서 매년 괄목할 만한 성장세를 기록하고 있는데 곧 임산물 종합유통센터의 준공도 앞두고 있다. 산림조합으로는 꽤 잘 갖춰진 인프라와 지역적 특성을 바탕으로 제2의 도약을 꿈꾸고 있다. 지난해에는 여신 277억을 달성해 처음으로 700억을 넘겼고, 올해는 이미 상반기에 수신 480억과 여신 340억을 기록하면서 올해 목표치를 경신하고 있다. 조합원들에 대한 환원사업도 호평을 받고 있다. 관내 불우이웃을 돕기를 위해 매년 사랑의 쌀과 장학금 등을 기부하고 있다.

11월에는 임산물 종합유통센터가 준공되었다. 인근 지역주민들의 임산물 구매 여건도 확연히 개선되고 접근성이 무엇보다 향상된 점은 긍정적인 대목이다. 지역 생산성도 높아짐은 물론 지역특화품목의 생산, 판매 등 유통구조개선과 유통 플랫폼 활용도 기대가 된다. 내년에는 임산물 종합유통센터와 나무시장을 병행한 사업도 구상되고 있다. 3,000여 평의 부지에 청사를 이전을 포함하여 산림조합 타운 조성을 꿈꾸고 있다. 산림조합 타운이 형성된다면 임산물 유통부터 목재사업까지 다양한 사업을 동시에 펼칠 수 있게 되어 지역발전에 상당한 효과가 있을 전망이다. 조합원 2,100여 명의 양주지역산림조합은 사유림 경영의 주체로서 산주 조합원들과 함께 성장하고 있지만 무엇보다 내 개인의 정서적 안녕에도 큰 기여가 된다. 양주 산림조합에서 활발히 활동하는 이유이다.

‘오늘’이라는
소중한 소를 잃지 말자

옛 속담에 “소 잃고 외양간 고친다.”라는 말이 있다. 미리 준비하지 않아서 손해를 본다는 의미로 사용되었지만 여러 각도에서 생각을 해 볼 수가 있다. 그러나 외양간이 무너진 것이 아니고 그럭저럭 버틸 수 있는데 미리 고치는 사람이 얼마나 있을까. 즉, 소 잃을 수도 있겠다고 생각하고 미리 고치는 경각심과 주의력을 말함일 것이다. 고령화 사회에 노년기로 향해가는 분들도 마찬가지일 것이다. 자연현상이나 인생이나 진배없음이니 말이다. 대부분 인생살이의 모습을 보면 “소를 잃어야 비로소 외양간을 고친다.”는 말이 맞을 것이다. 그러나 미래를 대비하고 준비하는 사람은 현자의 수준으로 본보기가 되는 삶을 살아갈 것이다. 현재 우리사회의 직면한 현실이 그 사실을 말해주고 있기 때문이다.

양치질에 대한 조언도 마찬가지이다.

옛말에 치아는 오복 중의 하나라고 했다. 초등학교 어린 시절부터 선생님들은 양치질하라고 가르치셨다. 그때는 잔소리처럼 들렸다. 부모님은 차마 자식사랑에 잔소리를 못 하시고 입을 닫으셨지만 어른들의 말이 틀린 말이 없다. 중년 이후에 자기 치아를 모두 가지고 있는 사람이 몇이나 될까. 치아 몇 개를 뽑고 나서야 열심히 양치질을 하게 된다. 외양간을 허술하게 관리하다가 소중한 소를 잃고 난 후에 비로소 외양간을 튼튼하게 만들어야 한다는 마음가짐이 생기는 것이 평범한 우리들의 모습이다. 그러니 지금의 하루하루를 소중히 여겨야 할 일이다.

CHAPTER 7

기쁨의 단

이문재

Mobile
010-3182-6632
Email
ellcando@hanmail.net

학력 및 경력사항

- 성결대학교 일반대학원 사회복지학 박사 졸업
- 전)관악구민신문 발행인
- 전)Kns뉴스통신 취재2부장
- 전)해양경찰전우회 중앙회 사무처장
- 전)바다살리기 국민운동본부 경인본부 사무처장
- 현 주)엘켄두 대표
- 현 새만금문화재단 사무총장
- 현 사)국민통합 사무총장 & 법인이사
- 현 SKU고령사회융합연구소 연구위원

강의 분야

- 사회복지, 인문사회, 조직관리, 동기부여 및 임파워먼트, 자기계발

자격 사항

- 사회복지사 2급, 리더십 지도사 1급, 평생교육강사 1급, 노인교육강사 1급
- 청소년 진로상담사, 청소년심리상담사, 다문화가정상담사, 가족상담사 2급
- 명강의 명강사 1급, 기업교육강사 1급, 합기도 공인 5단

저서

- 학위논문(석사, 박사 2편), 1급 학술지 논문 1편
- 명강사 25시(공저)

기쁨의 단

눈물을 흘리며 씨를 뿌리는 자는 기쁨으로 단을 거두리로다.
- (시-126:5)

가을이다. 인생의 계절도 육십으로 향한다.

나는 '베이비붐' 시대의 끝자락에 태어나 80년대에 학창기를 보냈다. 태어난 곳은 전북 고창이다. 고향을 가보면 이제는 마을의 담벼락도 허물어지고, 동네를 지키던 옛 어른들은 어느새 구십이나 백 세를 바라본다. 촌놈은 다 올라온다는 서울에 올라와 여태껏 살아 보니 나뿐 아니라 고향의 어른들 모두 마찬가지다. 단을 거두고자 씨를 뿌리는 이들이다. 눈물겨운 이름들이다.

이 땅에 예나 지금이나 발붙이고 살아가는 모든 이들은 한 송이 들꽃들이다.

모진 세풍을 이겨낸 한 그루 나무들이다.

도종환 시인도 말한다.

살아 있는 우리 가운데 어디 하나 흔들리지 않고 핀 꽃들이 있으랴.

이 세상 그 어떤 아름다운 꽃들도
다 흔들리면서 피었나니
흔들리면서 줄기를 곧게 세웠나니(세략).

젖지 않고 피는 꽃이 어디 있으랴
이 세상 그 어떤 빛나는 꽃들도
다 젖으며, 젖으며 피었나니.

그렇다. 젖어 피어난 이 땅의 모든 이들이기에 박수를 받을 만하다.

서울살이

타향 서울에 처음 발을 디딘 건 초등학교 5학년 때이다. 어머니를 모시고 어리지만 큰형 집이 있던 종로구 소재의 창신동을 찾아본 적이 있다. 이후 고등학교를 졸업하고 사관학교에 미련이 남아 재수 겸 서울에 올라왔다. 아쉽게 꿈을 접고 군에 간 뒤 제대와 함께 서울에 정착하였다.

반짝이는 밤의 불빛과 높이 솟은 콘크리트 건물과 첨탑들이 즐비하다. 깊이 들여다보노라면 이 도시를 살아가는 사람들에게 '레오 버스카글리오 교수'의 말씀이 떠오른다.

살아간다는 것은 죽음의 위험을 감수하는 일이며,

희망을 가진다는 것은 실망의 위험을 감수하는 일이다.

시도를 한다는 것은 실패의 위험을 감수하는 일이고,

모험하지 않는다는 것은 아무것도 하지 않은 것과 같다.

나 또한 척박하고 지친 현대인의 틈바구니에서 수많은 번민과 고뇌의 밤을 지새웠으리라.

제대 직후 하루도 쉬지 못하고 다음 날부터 형의 사업을 3년간 도왔다.

그리고 서울지하철 정비업을 겸하면서 서른 전에 서울에 세간 두어 채나 마련도 했다.

이후 사업 전환 차 인형 뽑는 기계 수백 대를 인수해 자산이 반쪽 된 사연.

남은 돈으로 안양에 축산매장 여는데 아이가 태어나 애착 관계 차 과감히 사업을 접은 사연.

엎친 데 덮친 격으로 집에 누수로 연간 수백만 원의 관리비가 지출된 사연.

바닥까지 떨어질 즈음 누나와 처형이 빌려준 자금을 합쳐 간신히 매장을 열게 된 사연.

월간 수억의 매출을 올리지만 살던 집의 화재 전소로 아이만 건진 사연.

혼신으로 재기하던 삼십 대 말 건강을 잃어 걷지도 못하다가 수년 만에 회복된 사연.

그렇다~!

사람이 살아가는 곳에는 누군가의 눈물 같은 일기가 있다. 그리고 그들이 모인 곳에는 역사가 있다. 공중으로 부~~웅 뜨다가 곤두박질 치고 바닥을 기다가 비상하는 일기.

내 사연처럼 도시 서울에는 수많은 일기들이 있다.

학창 시절

봄이 찾아와 아지랑이가 하늘거릴 즈음이면
집 앞 텃밭엔 호박넝쿨이 순을 내고,
싸리문 담장 따라 피마자가 잎을 내면
뭉뚱하니 생긴 호박벌이 멀리서 찾아 들오는
어머니가 있던 곳, 누이가 있던 곳
아버지와 그리고 말 못하는 셋째 형이랑 도란도란 함께 살던 고향집.
- 이문재

학교엘 가려면 면 소재지 방향으로 1킬로는 족히 가야 한다. 길은 작년 이맘때야 넓혀진 버스 다닐 만한 신작로다. 가을이면 하늘이 높고, 학교에 가는 길가로는 분홍과 흰색, 진붉은 나선형 코스모스들이 길쭉이 늘어서 '나를 반기는 듯, 공부나 잘하라는 듯' 격려 아닌 격려를 해주곤 하였다. 그러자면 학교로 가는 형, 누나와 동생들은 저마다 '길을 따라가는 건지~ 코스모스를 따라가는 건지~' 모르고 나란히들 걷다 보면 어느새 학교엘 당도했다. 작은 산 능선을 넘어야 학교가 나온다. 능선 왼쪽으로 아카시아 나무와 소나무가 뒤섞여 자리해 있다면, 오른쪽으로는 볏섬이라도 마련할 양 개간되다 만 다랑논들이 언덕을 따라 계단처럼 늘어서 있다. 해마다 투명한 가을빛이 두렁 진 다랑논의 볏단을 황금빛으로 물들이노라면 나는 학년이 높아졌고, 마침내 초등학교 졸업생이 되었다.

돌담의 햇살을 머금던 그 어린 소년은 중학생이 되었다. 부모님으로부터 비로소 용돈도 조금 더 받게 된다. 하지만 학교를 가려면 거리가 십 리는 족히 멀어졌다. 면 소재지까지 1시간 남짓을 걷든지 새벽같이 일어나 콩나물시루 같은 버스를 시간깨나 기다리며 타야만 한다. 읍내에서 내린 뒤에도 다시 1킬로 이상을 또 걸어야만 한다. 늦잠도 많고 꿈도 많은 사춘기 소년에게 이른 아침에 일어나는 것은 그만한 또래들이라면 여간한 고역이 아니다. 십 리를 족히 걷고, 새벽 버스를 매일같이 기다리는 모습이 안쓰러워 보였던지 1학년 여름쯤 아버지께서 자전거 한 대를 사주셨다. 그 자전거는 고등학교를 시외로 나가게 되기까지 나의 발이자 전용차가 되어 주었다.

자전거가 있는 시골 소년은 이제 막 이 마을 저 마을에 대한 호기심과 생소함으로 가득했다. 처음엔 시내버스 뒤나 졸졸 쫓아다니다가 얼마 지나자 샛길, 오솔길을 찾아내어 통학을 하기에 이른다. 그러자면 가끔은 바람이 주는 신선함을 따라 가보지 못한 옆 마을도 가보고, 실개천을 건널라치면 작은 다리의 난간 위에 올라서 친구와 다리 밑 송사리를 물끄러미 바라보거나 물웅덩이가 고인 곳을 향해 조약돌을 첨벙~! 내던지기도 하였다.

친구 '지우'는 그렇게 중학교 3년간 내내 우정을 같이한 소중한 단짝이다.

달리기 예찬

중학생 이후로 나는 술을 마신 적은 있지만 담배는 피우지 않았다. 중학교 2학년 때 있었던 기억? 약속? 때문이다.

2학년의 어느 날, 서울에서 방학 차 내려온 사촌 조카와 시골 부엌의 아궁이에 쪼그려 마주 앉았다. 담배에 대한 호기심에 아버지가 태우시던 봉초담배를 꼼방에 말아 넣고 한참을 피우던 중 논일을 마치고 들어오시는 아버지에게 걸리고 말았다. 막내이던 내게 욕 한 번 하신 적 없던 인자하신 아버지가 그날은 불호령과 함께 논에서 지고 오던 지게 작대기를 꺼내 들고선 내려치시려 하는 것이 아닌가.

'아뿔싸~! 우리 아버지께서 단단히 화가 났구나~.' 용서를 빌며 간신히 막고선 아버지께 약속을 하였다. 다시는 담배를 입에 안 대겠다고. 그로부터 담배와 나는 볼 일 없는 사이가 되었다. 군대에선 선임자들의 회유가 여러 번 있었지만 담배는 입 근처에도 대지 않았다.

멀쩡한 젊은 사내가 일충이도 아니고 취미라도 있어야겠기에 입대 전부터는 뛰던 '달리기'가 자연히 취미가 되었다. 그로부터 사십 중반까지 일과를 마치노라면 혼자서 또는 직원들과의 축구 또는 달리기가 일상이 되었다. 군 복무 전, 후는 동대문에서 잠수교까지, 이십 후반부터 사십 무렵까지는 안양천의 둘레길 수십 킬로가 안마당이었다.

걷고, 땀 흘려 달리면서 자연을 마주하노라면 마음속 상념들은 어느새 땀과 뒤엉켜 아롱진 풍금 소리가 된다. 잔잔한 호수도 된다. 흠뻑 젖은 몸으로 마음의 쉼터를 찾아 기도하노라면 어릴 적 기억들이 새록새록 되살아난다. 내일이 희망의 꿈 덩어리들로 뒤바뀐다. 누군가 마음이 울적하다면 답답한 개미집을 벗어나 한강을 둠벙 삼고, 한강 변을 공원 삼아 둘레 길을 뛰어보자. 나의 경험으로 볼 때 걷고 달리는 것은 젊을수록 몸과 마음에 이롭다.

하여, 우리 큰아이 또래의 20대에게 이렇게 전하고 싶다.

너희는 시간 부자이고, 기회 부자야~!

심심할 때가 있다면 지역 근교의 지천을 따라 놓인 운동 코스를 달려봐~!

혼자 공원엘 나가 나뭇잎을 감상하며 걷는 것도 근사한 일이야~!

달리며, 걸으며, 꿈의 씨앗을 뿌려봐~! 그 꿈이 네 속에서 시간만큼 자랄 테니.

가끔은 초록 잎사귀도 보고, 저기 있는 자주색 단풍들도 좀 봐!

훗날 사랑하는 사람과 팔짱 끼고 멋진 풍경을 함께 감상하는 꿈을 꾼다면 이 얼마나 아름답고 고귀한 추억이 되겠니~! 자주색 단풍과 초록색 꽃잎을 사랑하는 사람과 함께 볼 수 있으니 말이야.

그러니, 그날을 위해 오늘을 열심히 달리는 거야.

거친 숨의 호흡이 네 심장에 닿을 때까지~!

박사학위기

박사 과정 중에 가끔은 공사장 일과 배달 대행 알바까지 병행하며 학비를 보탠 적이 있다. 아이들의 양육비, 교육비도 한창으로 가계비뿐 아니라 다각화한 사업이 규모도 적지 않았지만 굴곡의 터널을 잠시 지나던 차였기 때문이다. 숱한 밤과 새벽녘에 논문을 쓰노라면 하늘이 내리는 이슬, 불 꺼진 사무실 밖의 어두움들이 내 친구가 되었다. 계절이 여름이라면 일하는 동안에 볼을 타고 흐르는 땀이, 겨울이라면 장갑 사이로 뼈를 으스러뜨릴 듯 스며오는 추위가 나의 삶을 기록하고 있었다.

고생 없는 낙이 없듯, 밤이 없는 새벽도 없다. 그때의 기억을 되놀아보노라면 지금 이 시간도 공사장 어느 한편에서 거친 숨을 토해내는 이들이 떠오른다. 시대적 불평, 불만보다 엄동설한의 찬바람을 가르며 도로를 달리는 서비스 대행업체 종사자들도 떠오른다. 그들에게 격려와 응원의 메시지를 전하고 싶다.

고대 이스라엘 광야의 초원에서 양을 지키던 열세 살의 소년 다윗.

청년 시절 삼촌의 목장을 20년간 묵묵히 지키던 청년 야곱.

홀로 외롭고 별뿐이 없던 그 시절에도 밤이면 하늘의 무수한 별들이 천사처럼 내려와 그들을 응원했다. 양을 지키던 그들은 이스라엘 역사의 한 페이지가 된다.

그러니 힘내시라~! 견디고 견디면 기쁨으로 단을 거두는 날이 속히 오리니!

자본이야기 1

심리적, 영적 자본

현대사회에서 물질은 인간 삶의 질에 직접적인 영향을 미친다. 그러나 물질적 풍요나 그에 따른 풍요로움만이 반드시 인간에게 행복한 삶을 보장하는 것도 아니다. 지금으로부터 십여 년 전, 영국의 모 대학에서 세계 54개국의 국민들을 대상으로 '국민행복지수'를 수치화한 조사가 있었다. 언론 보도용의 자체 조사라는 말도 있지만 그에 따르면, 경제 후진국 가운데서도 가장 낙후된 국가 중 하나라 알려진 방글라데시가 1위를 차지하였다. 아울러 소위 가난한 나라라고 일컫는 나라 대부분이 상위권에 속하였다. 반면, 우리나라는 중위권이었으며, 미국과 일본, 프랑스 등 선진국들은 하위권을 맴돌았다. '행복'의 결정 요인을 묻는 물음들에는 '물질과 쾌락'보다 '가족과 친구', '이웃과의 관계', 나아가 '사람과 자연의 관계' 등이 더 중요한 요인으로 보고되었다.

이 같은 결과가 의미하는 바는, '못사는 나라들이 더 행복함'을 일컬음이 아닐 것이다. 그 심연의 바닥에는 지금 우리가 물질적 만족감을 뛰어넘어 인간 고유의 기능들에 속하는 심미적·정신적 관점에도 관심을 지닐 것을 내포한다.

관심과 갈등

내가 사무총장에 속한 단체와 한양대학교 갈등문제연구소는 Mou를 맺고 있는데, 국무조정실장을 역임하신 박철곤 소장님의 국회 공동주최 강연 중의 한 말씀이다. 소장님께서 참석자들을 향해 "사람들은 살아가면서 하루에 몇 번 정도 갈등한다고 생각하시나요?"라고 물었다. 여기저기서 제각각의 대답들이 튀어나온다.

"다섯 번이요!"

"세 번이요!"

"열 번이요!"라는 대답들이 웅성거림 속에 섞여 들린다.

이를 듣던 소장님이 말씀을 잇는다.

"보통 사람들은 하루에 '오만 가지 생각'을 하지요. 그리고 그 생각의 태반은 갈등에서 비롯되어 끊임없는 걱정과 고민으로 이어집니다. 그래서 '오만 가지 생각을 다한다!'라는 말이 생겼습니다."

이에 실소와 박장대소가 터져 나왔다. 가만히 듣고 있던 나도 '참! 명쾌한 말이다.'라는 생각이 든다.

그렇다. 사람들은 자의 반 타의 반, 그리고 스스로나 타인과의 관계에 따라 갈등에 직면한다. '직장 문제', '먹고살 것', '가족', '승진', '친구' 등 수많은 요인들이 내 삶과 결부되어 걱정과 갈등에 이른다. 이 갈등과 걱정들을 안 하며 살 수는 없다.

어떤 날은, 걱정이 수도 없이 많다.

반면 어떤 날은, 기분이 좋아 웃음꽃이 터진다.

또 어떤 날은, 일어설 힘조차 없는 패배자 같다가

다음 날은, 겁쟁이 같은 자신에 대한 자책으로 탈피할 방법에 골몰하는 나를 마주한다. 그러다가 평생을 함께했던 가족 중 부모나 형제라도 잃는 날이라면 회한의 상심에 절망한다. 갈등은 역기능적 작용뿐 아니라 사람을 성장시키는 순기능적 작용도 지니고 있다.

그렇기에 우리는 나를 위로해주고 응원해줄 사람과 내 영혼의 쉼터를 갈망하고 찾는다. 그 쉼터에서 가끔 시를 한 곡조 읊어도 좋다. 넋 놓고 비 오는 창밖의 무심한 풍경을 바라봐도 좋다. 북적거리고 웽웽거리는 소음의 틈바구니에서 유형의 세상에는 보이지 않는,

마음의 양식을 찾아가는 일.

마음의 창을 여는 일.

곧 '심리적 자본', '영적 자본'을 준비하는 일이다.

남으로 창을 내겠소

-김상용

남으로 창을 내겠소
밭이 한참갈이
괭이로 파고
호미론 풀을 매지요.
구름이 꼬인다 갈리 있소
새 노래는 공으로 들으랴오
강냉이가 익걸랑
함께 와 자셔도 좋소
왜 사냐건
웃지요.

희망

세상의 사업과 성공에 집착하다가 척박하고 잿빛 그늘진 마음에 남으로 뚫린 창틈으로 비춰오는 빛을 쏘이노라면 지친 영혼에 생기를 가져올 수 있다. 자신 안에 내면의 만남이 있고, 요청들을 자세히 들여다보노라면 우리는 자신의 현재를 보다 바르게 진단할 수 있다. 영혼에 힘이 있고서야 서로에게 사랑을 다함이 가능하다. 치유되지 않은 채 방치된 상처로 물든 현대인들. 그들에게 있어 상처는 살아있는 공기처럼 여기저기를 떠돌다가 서로에게 비수가 되고, 고발하는 무기가 된다. 그 보이지 않는 칼끝에 누군가는 다쳐서 신음하고, 내동댕이쳐져 병과 죽음까지 이른다.

그야말로, 우리 영혼이 쉼을 찾기 어려운 시대다!

이럴 때일수록 커피를 마시면서 혹은 점심 식사 후라도 잠깐 짬을 내보자. 직장 일과 수업을 마친 후라도 좋다. 잠자기 전이나 아니면 비가 오는 날도 괜찮다. 하루 중 어느 짧은 시간 잠시라도 한번 내 영혼의 쉼터에서 나와 내 삶을 마주해보자.

지친 일상의 세상과 차단되어 내 영혼이 쉴 주파수를 맞출 수 있다면, 우리가 시험에 빠져 갈등에 몸서리치는 잠 못 이루는 밤이 지속되고 있다면, 포기할 것이 아니라 나와 내 영혼이 피난처와 안식처가 필요한 타임이다.

얼음장처럼 차가운 이성의 응어리와 상처 덩어리들을 녹아 내는 시간이다.

성경에 이런 구절이 나온다.

"하나님이 모든 눈물을 그 눈에서 닦아 주시리니 다시는 사망이 없고 애통하는 것이나, 곡하는 것이나, 아픈 것이 다시 있지 아니하리니….(계 21:4)"

자본이야기 2

인적, 사회적 자본

우주에는 인공위성이, 지상에는 무인 자동차가 도로 위를 달리는 시대다. LTE보다 전송속도가 20배나 빠르고, 처리 용량도 100배나 많아진 광통신 사회. 공상과학영화에나 나올 법한 첨단기술들로 우주가 점점 한눈에 들어오는 초과학의 시대가 우리 앞에 있다. 그러나 '편리보다는 인간의 자기 생각이 점점 사라지고 동공화 상태에 빠져드는 혼미의 시대', '휴대폰이 없으면 잠을 못 자는 사람들이 늘어나면서 점점 바보가 되어 가는 시대'이다.

첨단사회의 발전이 가속될수록 사람들 간의 왕래는 더욱 줄어든다. 그저 학원 다니랴, 직장 다니랴 분주함뿐이다. 막연하게 어디로 가야 할지 좀체 갈팡질팡댄다. 그래서 멘토가 필요하고 코치가 필요한가 보다.

조선 시대라면 지방에서 서울로 상경하는 길이라야 고작 몇 개에 지나지 않았다. 지금은 고속도로를 비롯하여 지선의 도로들이 거미줄처럼 얽혀 있다. 시내에도 도로가 3차로, 5차로와 함께 교차로가 즐비하다. 초고속 사회에 삶의 이정표조차 수십, 수만 갈래로 동조화되고 있다. 더 많은 사람이 길을 찾다가 길가를 서성이며 밤을 맞이하게 생겼다.

우리 모두는 행복을 찾아 나선 호도새들이다. 저 넓은 우주의 한편을 향해하여 푸른 눈의 이 땅에 행복들을 찾아 나섰다. 하지만 세상이 그리 녹록하거나 호락호락하지 않다. 호모 에렉투스나 사피언스 시대에도 인간의 생존이 당사자에겐 항상 최우선의 과제였다. 농경사회를 벗어나면서 유사 이래 잠시 끼니 걱정을 하지 않아도 될 무렵 인간 욕구들에 대한 서광이 비치었다. 철학적 욕구를 과학이 대체하고, 근대화 전후 젊은이들은 한때 낭만에 심취하였다. 끼니를 제쳐두고 때와 장소를 불문하며 청춘의 행복을 노래하고 꿈을 노래하였다. 열띤 사색과 토론에 서슴지 않던 호사의 때가 있었다. 그것도 잠시, 지금 우리 터전 곁에는 회색의 콘크리트 건물들이 너무도 빼곡히 들어서 있다.

세상 좋아졌다지만 사람들은 오갈 데 없는 길고양이처럼 삶 가운데 서성인다. 회색의 진흙더미 사이에서 멀쩡한 나도 본디 자신을 까먹는 때가 많다. 깜박이는 신호등처럼 방금 전 한 말도 잊고, 우산을 차에다 두고 내리고….

호모헌드레드의 시대를 맞이하는 우리의 내일은 경험해보지 못한 불안함과 강박증이 몰려올 것이다. 하루하루가 다르게 변하는 초미래 사회로의 급격한 변동은 우리에게 새로운 사회적 환경에 대한 적응의 역량들을 요구한다. 미래사회로 가는 이용료를 지불하라는 듯!

역사에 길과 답이 있다.

불투명한 미래를 현명하게 마주해온 조상들의 슬기가 역사 속에 숨어 있다. 우리 선조들은 일찍이 웃어른으로부터 내일을 살아갈 지혜들을 전수받고 이를 방향타 삼아 미래의 창문을 열고 개척해 왔다. 그러고 보면 한 시대를 생각하는 힘, 선택하는 힘들은 항상 기존의 사회적 자원의 원천으로부터 파생되어 왔다. 비록 내일이 우리에게 막연함과 두려움을 주더라도 스승과 선배의 교훈들을 토대로 뚜벅뚜벅 한 걸음씩 걸어간다면 충분히 감당하고 헤쳐 나갈 수 있지 않을까. 다원화되고 다분화되는 미래사회의 관점에서 각 개인은 모든 방면의 기술들을 통달할 수 없다. 사회학도에게는 치과 기술이 없고, 경영학도는 음악에 능숙하지 않다. 다방면의 과업에 효과적으로 대처하는 방법은 기능과 기술의 교환과 교류다.

바로 인적 자본과 사회적 자본이 지니는 내재적 가치이다. 초강대국 미국은 이를 유용하게 활용해 성과를 거두고 있다. 흔히들 물적 자본이 1세대 자본, 인적 자본이 2세대 자본이라 한다. 사회적 자본은 3세대 자본이라 부른다. 물적 자본이 하드 자본이라면, 인적 자본은 휴먼 자본이다. 사회적 자본은 네트워크 기반 자본이다. 더 구체적인 의미에서 인적 자본이라 함은, 경제활동을 할 수 있는 사람의 역량이 시장에서 거래될 수 있음을 일컫는다. 사회적 자본은, 개인 간 또는 단체 내 구성원 간 유대감, 신뢰 또는 관계성의 활용을 말한다. 이를테면 사람들이 일터나 사회적 관계 속에서 일할 수 있는 능력이다. 그러한 관점에서 인적 자본과 사회적 자본은 갈등을 해결하고 문제를 풀어내는 능력에 유용한 도구가 되고 있다. 한 인간이 일상을 살아가는 데 필요한 에너지 생산 활동에 밀접한 관계를 지니게 되면서 미래사회의 재원 가치로 주목받고 있다.

선택

백세시대에 인생 2막을 마주하는 우리에게 선택의 과제들이 하나, 둘 늘어가고 있다. 사람들은 누구나 양자택일을 두고 갈등하지만 정신 내부에서 일어나는 서로 다른 이해 충돌에서 현명한 방향을 찾는 건 쉽지 않다. 하지만 살아감에 땀과 눈물이 있고, 도전하지 않으면 희망도 없다. 씨를 뿌리지 않고, 뿌린 씨를 돌보지 않으면 단을 거두게 되는 희망도 없다. 실패를 감수하는 위험과 모험 뒤에 희망이 있음을 기억하자. '심리적, 영적 자본'과 '인적, 사회적 자본'들은 도전을 위한 선택의 기로에서 든든한 밑거름이 되어 줄 것이다.

17세기 말, 아이작 뉴턴이 말했다.

"내가 다른 사람들보다 더 멀리 내다볼 수 있었다면, 그것은 거인들의 어깨 위에 올라서 있었기 때문이다."

성공적인 삶을 이룬 다수의 사람에게는 좋은 부모나 선배, 스승이 있었다. 탁월한 재능들은 갑자기 발견되는 것이 아니라 만들어져 온 것임을 부인할 수 없다. 간단히 스포츠계만 예를 들어봐도 충분하다. 손흥민 선수나 김연아 선수 모두 훌륭한 부모 밑에서 교육을 받았다. 고생이 없던 것이 아니다. 남들보다 몇 곱절에 이르는 피나는 고생과 훈련의 터널들을 건넜다. 우리 사회, 세계 각지의 어디에나 소위 일류들이 있다. 선택적 계층론이 아니라 우리가 꿈을 향해 나아갈 때 우리 스승, 멘토의 자본이 가져다 줄 파급효과를 간과할 수 없다. 홀로 일어서는 이들도 주위를 살펴보면 분명 좋은 멘토나 코치가 있다. 아이는 부모의 양분을, 제자는 스승의 양분을, 미래는 과거의 양분을 먹고 자란다. 오늘 비록 높은 계단이 아니라 할지라도 우리가 하루의 과정 속에 좋은 선택을 하고 한 뼘 더 자랄 수 있다면 얼마나 큰 보람인가.

1858년 미국 뉴저지에서 두 청년이 함께 도박장으로 가고 있었다. 가는 길 도중에는 예배당이 있고, 정문 곁에는 '죄의 삯은 사망'이라는 설교 제목이 걸려있었다. 한 친구는 강한 죄의식을 느끼며 친구와 함께 교회로 가고 싶어 했다. 다른 친구는 뿌리치고 도박장으로 향했다.

선택의 기로에서 두 친구는 서로 정반대의 길을 걷게 된다. 이후 시간은 흘러 어느덧 30년의 세월이 지난 어느 날, 감옥에서 신문을 보던 한 친구가 심히 목메어 울고 있었다. 신문의 1면에 실린 보도기사 때문이었다. 기사에는 자신이 한때 너무도 가까이했던 친구 클리블랜드가

제22대 미국 대통령에 취임한다는 내용이 실려 있었다. 30년 전 같이 도박장으로 향하다가 교회로 발길을 돌린 그 친구다.

순간의 선택이 때로는 일생을 좌우한다.

고려대 명강사 과정

세계적인 명연사들의 강연은 듣는 이의 심장을 뜨겁게 하는 마력이 있다. 링컨, 처칠의 명연설은 우리가 익히 들어 알고 있는 바다. 링컨은 연설을 통해 인종차별을 해결하였다. 처칠 수상은 2차대전 패전의 눈앞에 있던 영국과 연합국을 승리로 이끌며 민주주의로부터 유럽 구원의 파수꾼이 되었다. 반면, 천재 연설가 히틀러는 아이러니하게도 전 유럽 일대를 2차 대전의 소용돌이에 몰아넣는 방아쇠를 당겼다.

이와 같이 혀의 말은 한 사람을 움직이고, 나아가 기업과 나라와 세계사를 바꾸기도 한다. 신체의 양식은 밥이지만, 영혼의 양식은 말을 통해 나온다. 그러기에 우리는 말에 대해 배우고 신중해야 한다.

말에 관한 일화를 하나 더 소개한다.

15분 만에 자신의 소기업을 굴지의 부자 기업으로 탈바꿈시킨 훌륭한 기업인이 있다. 바로 천호식품의 김영식 회장이다. 2000년대 초 TV

광고를 봤던 분들이라면 대다수가 알겠지만 그분 멘트는 지금도 생생하다.

"산수유~! 남자한테 좋은데, 남자한테 정말 좋은데… 어떻게 표현할 방법이 없네. 직접 말하기도 그렇고…."

그러다가 대박이 났다.

벌써 일흔을 넘긴 김 회장은 1951년 경남 고성의 시골에서 태어났다. 서울에 올라와 갖은 고생을 한 끝에 34살에 천호식품을 인수한다. 그리고 한동안 잘나가던 회사는 IMF가 닥치며 쫄딱 망해 밥값도 부족할 정도였다. 마침 산수유 광고를 하나 내었고, 그 멘트 하나로 인생역전의 반열에 오른다. 촬영시간 15분에, 2분 남짓한 짤막한 위 멘트 한마디가 대유행을 탔고, 회사와 함께 자신의 인생까지 대반전을 이루었다.

이처럼 영향력 있는 말 한마디, 호소력 있는 연사의 연설 몇 마디는 훌륭한 마법과도 같다. 최근의 입시, 취업에서는 거의 면접이 활용된다. 연인이 프러포즈를 할 때도 언어는 가장 중요한 소통 수단이 된다. 외모가 부족하고 키가 작아도 말에 따라 설렘과 끌림이 달라진다. 많은 사람 앞에서 마이크를 잡고 정확한 말과 유연한 소통을 하는 사람이 때로 부럽기도 하다. 이에 최근에는 언어 기술의 능력과 전문성을 획득하고자 배우고 싶어 하는 사람들이 많이 있다.

강사의 언어술을 연마할 수 있다면 언어 표현에 큰 도움이 될 것이다. 서점에 가면 설득이나 화술에 관한 서적들은 즐비하다. 무수히 제시된 화술들이 막상 현장의 테크닉으로 연결되기란 쉽지 않다. 이론과 현장의 간극 차이 때문이다. 그러한 관점에서 고려대 명강사 과정은 훌륭한 트레이닝 코스라는 생각이 들었다. 안드라고지의 정규코스가 사설 실습소보다는 신뢰감도 훨씬 컸다. 동료나 선·후배들을 통한 시연, 코칭 등도 더 활발하지 않을까라는 생각도 있었다. 그렇게 시작되어 어느덧 16주 과정의 막바지를 지나고 있다. 강사로서의 자신감과 자질 함양에 큰 도움이 된다. 학업 발표나 직장 내에서의 사내 토론이 막막한 분들, 내가 말한 실수가 타인에게 어떻게 보일지 미스터치 연주에 대한 두려움이 있는 분들에게 본 과정을 권하고 싶다. 기초 강사로서 전문 트레이닝을 원하시는 분들, 코칭을 통한 업그레이드를 바라시는 분들에게도 좋을 듯싶다.

고려대 명강사 과정은 실천기술을 시현하고 발현하는 총 16주간의 교육 훈련 과정이다. 체계적인 트레이닝 과정을 기반으로 명강연자를 길러내는 프로그램이다. 짧지 않은 코스이지만 그만큼 커리큘럼도 풍부하다. 책을 저술하는 공저 과정이 글쓰기에 다소 낯선 분들에게는 부담스러울 수 있겠으나 글을 쓰게 되면 말로 표현하려는 내용의 논리성이 현격히 향상된다. 선·후배 간의 두터운 인맥과 교류 협력도 하나의 큰 장점이다. 대인관계를 중심으로 인생 2막, 3막을 여는 인적, 사회적 자본의 외연 확장에도 유익하다. 내가 고려대 명강사 과정에 참여하게 된 것은 바로 이와 같은 역량 구축에 그 배경이 있다.

얼마 후면 매해마다 맞이하는 봄의 전령사가 곧 찾아들 것이다. 그리고 우리가 머물던 고대 라이시움 강의실에는 꿈을 찾아, 행복을 찾아 도전에 나서는 새로운 친구분들이 둥지를 틀 모양이다. 이성과 감각들로 우리를 깨우신 하나님께 감사를 드린다.

CHAPTER 8

삶의 꽃이 되어 준 역사문화 탐방기

이순희

Mobile
010-3311-1990
Email
hope77883@naver.com

학력 및 경력사항

- 동덕여자대학교 국문과 졸업
- 동덕여자대학교 교원자격 취득
- 고려대학교 명강사 최고위과정 18기 여성수석부회장
- 천안 공업고등학교 교사
- 사) 한국문화역사탐구연합회 이사장
- 주) 보험 코인스 총괄법인 대표

강의 분야

- 사회복지, 인문사회, 동기부여 및 임파워먼트, 자기계발

자격 사항

- 공인중개사, 사회복지사 2급, 아동심리상담사, 실버소통지도사, 독서심성상담사
- 실버케어이야기상담사, 직업상담사 2급, 명강의명강사
- 컴퓨터활용능력 3급, 워드프로세서 2급, 보육교사 2급
- 피부관리사, 노인교육상담사, 인성지도사 평생교육강사

수상 경력

- 국회의원상, 도지사상, 도민회상

저서

- 명강사 25시(공저)

텅 빈 삶을 가득 채운 '여행'의 힘

젊은 날 꿈꾸었던 여행자의 길… 어느덧 세월을 지내고 보니 지혜가 필요한 삶, 가치와 의미가 있는 삶의 지침이 가슴에 아련하여 역사문화 탐방 활동의 기회가 되어 활동하고 있다.

대학에 입학하여 뜻을 함께하는 친구들을 만나 산행을 시작한 것이 거의 30여 년, 멋진 자태를 뽐내며 묵묵히 그 자리에 우뚝 선 채 우리를 오라고 유혹하는 자연에 이끌려 시간 날 때마다 열심히 산을 올랐다. 폭우가 쏟아지는 날에는 가슴속으로 파고드는 시원한 빗줄기가 나의 전신에 전율을 느끼게 했고, 눈 오는 날이면 동굴 속에서 떡라면을 끓여 얼어붙은 손으로 서로 양보하며 무언의 의리와 우정을 친구들과 나누었다. 예쁜 단풍들이 갈바람에 낙엽 되어 떨어질 때면 짧은 인생을 논하며 자연의 섭리에 숙연함을 느끼는 때도 있었다. 전국을 누비며 산을 오를라 치면 온 산야가 우리들만의 것이라 소리 지르며 달려오는 듯했다. 낙엽은 거름으로 되돌아가고, 물은 바다로 되돌아간다.

그렇게, 그렇게 주어진 목적지로 향하고 낙엽은 또다시 푸르른 잎으로 돌아오고, 물은 기화하여 구름이 되었다가 또다시 이 세상에 오건만 우리의 미래는 어떻게 흘러갈까. 우리의 배우자는 어떤 사람일까? 20년 후에는 무얼 하고 살고 있을까? 두서없는 생각들을 되뇌며, 산을 오르내리면서 산과 함께 참 많은 대화를 한 것 같다. 지금 생각해 보면 참 어른인 척, 스스로 고상한 척하며 말도 되지 않는 나름의 개똥철학을 논하다가 나 혼자 심각한 적도 있었던 것 같다. 지금 생각해 보면 다시는 돌아올 수 없는 귀하고 아름답고 행복한 시간들이었다.

살아온 날들보다 먼 길 떠날 시간이 더 가깝다는 생각에선지 이제는 시간이 더디게만 흘렀으면 좋겠다는 생각이다. 그러나 나이가 들며 모든 것이 조급하고 할 일은 많은데 몸이 예전의 내 몸 같지 않다. 오늘은 어제처럼, 내일은 또 오늘처럼 그냥 지나가다 세월이 무심코 나를 데리고 가면 어쩌나 하는 이런저런 걱정들을 문득 해볼 때가 있다. 그런 생각이 들 때면, 모든 인연들을 좋은 사람으로 만나, 착한 사람으로 헤어지고, 그리운 사람으로 남기를 바란다. 이제는 나 스스로 내 얼굴에도 책임을 지며 살아야 할 나이다. 매사에 최선을 다해 배우며 가장 행복한 사람이 되고 싶다. 상대방을 항상 배려하며 나의 입술에서 항상 아름다운 말만 하기를 바라는 마음 간절하다.

어느 날 고향 선배인 연순 언니 권유로 사찰과 능을 탐방하는 단체를 소개받았다. "충사모"라는 즉 충청도를 사랑하는 모임이라고 하는 곳인데 주로 충청도 근교의 사찰을 다니는 단체이다. 역사가 11년이나 된 곳이다. 산마다 절이 없는 곳이 없건만 그렇게 산을 오르면서도 큰 관심을 가져 보지 않았기 때문에 역사와 유래에 큰 관심이 없는 터였다. 산을 오르지 못해 답답한 차에 매월 둘째 주 토요일에 출발한다고 해서 따라갔다. 생각보다 힘도 안 들고 중간에 해설사가 나오셔서 상세히 설명 해주시는 걸 듣고 사찰을 둘러보니 그날 유독 의미 있게 보내게 된 것 같다. 그렇게 몇 년을 다니다 보니 회원도 많아져 관광버스 4~5대씩은 꼭 출발하는 것 같다. 충청도 분들이 많은 단체였는데 시간이 흘러 단체가 소문이 나다 보니 이제는 전국구 단체가 됐다.

4년 전 서울시 사단법인 K.C.A (Korean Cultural Heritage Tourists: 대한문화역사탐구연합회)로 승격하게 되었고 승격과 동시에 "이사장" 직을 맡게 됐다. 현재는 정회원이 아니신 분들까지 포함하면 연회원이 800명 정도 된다.

요즈음에도 매월 둘째 주 토요일이면 어김없이 관광버스 3~6대까지 출발하여 전국에 있는 "사찰과 릉"을 찾아가 한국의 역사와 조상님들의 기상을 배우러 다닌다. 유배지도 둘러보고, 법문도 듣고, 전통시장도 둘러보고, 더운 여름이면 시원한 계곡으로 가 막걸리도 한잔 기울이며 담소와 추억을 간직하고 온다.

연령대는 조금 높으시나 젊은 청춘들보다도 더 건강하시고, 배려심 많으시고, 멋지게 사시는 우리 회원님들을 뵙고 있으면 참 감사하고 고맙다는 말씀을 드리고 싶다. 우리 회원님들께 항상 감사드리며 나

역시도 여유롭고 배려심을 배우며 많은 추억과 우리 조상님들의 용맹과 지혜를 배운다. 이 책을 읽으시고 시간이 되시면 함께 동참하여 많은 아름다운 추억과 지혜와 느림의 미학을 배우시고 여생들도 행복하셨으면 하는 바람이다.

먹거리의 고장 '충청도'

충청도에 대해 간략히 소개해 보자면, 충청도는 대전을 비롯해 충북, 충남, 세종시를 묶어 부르는 지명이다. 지리적으로 경기 이남의 아래쪽부터다. 경상도와는 소백산맥이 경계고, 전라도와는 금강과 차령산맥으로 구분된다. 이 지역이 '충청'이라고 부르게 된 것은 조선시대다. 충주와 청주의 앞 글자를 따서 이름 지어졌다. 전국을 행정구역으로 나누어 분할하면서 팔도 중 충청도가 첫 번째로 설치되었다고 한다. 아마도 국토의 중앙에 위치한 것을 의식해서였을까? 조선시대 영조 시기 무렵 충청도 내의 주요 도시는 충주, 청주, 공주, 홍주 등으로 인구는 네 도시 모두 6만 정도를 유지하고 있었다.

조선시대 충청도는 우리의 예상과는 달리 전국에서 양반들이 가장 많은 지역이었다고 한다. 양반들의 절반 이상이 충청도 출신일 정도로 양반이 많았다. 10가구 중 1가구가 양반이었다니 놀랄 만한 이야기다.

조선 후기 권력을 잡은 서인, 노론 가문들 여기에서 노론의 영수 송시열은 대표적 인물이다. 생각해 보면 충청도의 말씨가 "~~~했씨유~~~" 하고 굴러가는 걸 보거나 충청도의 행동에 여유가 있는 것은 이러한 유래에 기인한 것 아닐까. 우스갯소리로 아버지와 아들이 산에 올라갔다가 아들이 산 위쪽에서 "아~부~지~~~이, 돌 내려 가유~~~우" 했는데 돌이 아버지를 이미 덮쳤더란다. 양반의 여유가 넘치다 보니 아버지를 챙기지 못한 것이다.

우리가 지리 시간에 배운 바에 따르면, 충청도는 다른 말로 호서(湖西)라고도 한다. 이때의 '호'는 제천의 의림지, 김제의 벽골제 등 일종의 저수지 호(湖)자의 호강(湖江)이라고 불리던 금강이에서 유래되었다는 설이 있다. 말하자면 금강의 서쪽이란 의미이다. 천안의 호서대학교를 생각해 볼 수 있다. 기호(畿湖) 지방이라는 의미 또한 경기(京畿) 지역과 호서(湖西) 지방을 합쳐서 기호(畿湖) 지방이라고 부른 것이다.

저수지가 많은 충청도는 물이 부족하여 농사가 잘 안 될 것 같은 생각이 든다. 그러나 우리 생각과는 달리 충청도에는 예부터 평야가 넓고 강이 흐른 덕에 토지가 비옥해서 부자가 많았다. 왜냐하면, 내 생각에는 호남평야의 발원이 금강이었기에 그 아래에 있는 강경, 논산 등은 예로부터 번영하기로 유명했다. 그래서 속된 말로 광천, 홍성에 가서는 돈 자랑하지 말라는 말이 있지 않은가.

그래서인지 충청도를 둘러보면 먹거리가 많다. 우리가 알다시피 감곡, 장호원, 조치원은 복숭아로 유명하다. 최고 상품에 속하는 복숭아는 보기만 해도 꿀맛이다. 충주는 사과로 유명하다. 충주 인근을 돌아다니다 보면 지천이 사과밭인데 충주 사과를 드셔 보신 분들이라면 왜 충주 사과인지 인정하실 것이다. 아쉬운 것은 기후 온난화로 인해 사과 주산지가 북쪽 지역으로 계속 올라오고 있다는 것이다. 충주 사과는 전국 사과 생산량의 1/5 정도 되는 걸로 알고 있다. 한편, 음성은 고추 생산 1위, 청양도 고추의 원조는 아니지만 고추밭이 지천이다. 예산은 딸기로 유명하고 전국 생산량의 15%나 차지한다.

나라 경제의 살림꾼 '전라도'

전라도는 우리나라에서 서남부 쪽에 위치한 지역이다. 광주광역시를 포함해 전라북도, 전라남도를 합쳐 호남이라고도 부른다. 마찬가지로 금강의 아래쪽에 위치한 까닭이 아닌가 추측된다. 전라도 북쪽에는 충청도가 자리해 있고, 섬진강을 경계로 하여 동쪽은 경상도에 연접해 있고, 남쪽으로는 남해, 서쪽으로는 황해가 있다. 전라(全羅)도 명칭의 유래는 고려 때 전주(全州)와 나주(羅州)의 앞 글자를 따서 부르던 명칭이 현재까지 이어진 것이라 한다.

아는 분들은 아시겠지만 전라도는 본래 조선 왕실의 본관이 있던 곳이다. 말하자면 태조 이성계의 본관이 전주다. 따라서 조선시대 초기부터 전주는 왕실로부터 풍패지향(豊沛之鄕)이라 불리며 특별한 대우를 받았다. 지금으로 말하자면 전라도 도청이 바로 생긴 셈인데 전주부가 만들어졌던 것이다. 전라감영도 전주에 두었다. 조선 중기 무렵 충청도에는 노론과 서론의 정치세력이 터를 잡았는데, 호남도 조선 중기부터 서인의 정치적 기반이 되는 지역으로 성장하였다.

전라도는 백두대간이 내려오는 끝자락에 있는 땅이다. 백두대간에서 내려오는 두 개의 큰 강이 축을 두고 흐르는데, 서해로 나가는 금강과 영산강이 있다. 금강의 지류를 따라 하구 지역이 충적되어 호남평야가, 영산강의 하구 지역이 충적되어 나주평야가 만들어졌다.

호남평야 지역은 곡창지대로 유명하며 쌀이 많이 생산된다. 여기에 나주평야까지 합치면 한반도에서 거의 절반에 달하는 쌀이 여기서 나온다. 아픈 역사의 단편이기도 하지만 구한말 일본의 대동아 전쟁과 일본 본토의 식량 조달, 군량미 수급의 전초기지로 전북의 군산에 기지가 있었다. 아직도 군산에 가보면 일본 가옥들이 즐비하고 어떤 집들과 건물들은 보존상태도 좋아 예전 식민지 시절을 회상할 수도 있다. 〈장군의 아들〉 같은 영화 촬영도 거기서 하지 않았나 생각이 든다. 우리나라가 근대화되면서 경상도가 공업지대로 나라를 먹여 살렸다면, 전라도는 우리나라 식량의 대부분을 제공한 셈이다. 마찬가지로 조선시대에는 농경사회였기 때문에 전라도가 경상도의 공업지대와 같은 나라 경제의 살림꾼 역할을 하였던 것이다.

전라도 군산은 최근 들어서도 꾸준히 간척사업을 진행 중이다. 새만금이 간척지가 바로 그곳이다. 이에 전라도의 평야가 점점 더 넓어지고 있다. 우리나라의 식량 증산에도 큰 도움이 될 것으로 보인다.

전라도의 동부 쪽은 험준한 산지다. 지리산을 중심으로 무주, 진안,

장수 등은 고원 형태로 지대가 높고 남원은 분지 형태의 모양을 하고 있다. 평야 지대인 서부 지역과는 완전히 다른 지리적 특색이 나타난다. 아래쪽으로 남쪽은 섬이 많기로 유명하다. 아직 가보지 못한 섬들이 많지만 차근차근 탐방을 할 예정이다.

전라도의 해안선 유래는 빙하기 이후 해수면의 상승으로 인해 생긴 탓이라 한다. 형태가 리아스식 해안으로 동해안과 달리 먼 바다에 나가도 수심이 많이 깊어지지는 않는 것을 알 수 있다. 그래서 갯벌이 많고 섬들도 많아 다도해라고 부른다. 섬들은 모두 해수면이 낮았던 빙하기 때는 모두 산등성이였던 것이다.

볼 만한 유적이 가득한 '경상도'

경상도(慶尙道)는 백두대간에서 이어지는 소백산맥의 동남부에 위치한 지역이다. 소백산맥을 중심으로 산맥의 동남부 쪽을 영남 지방(嶺南地方)이라 칭하고 관할했던 행정구역이다. 고려 충숙왕 때인 1314년 경주(慶州)와 상주(尙州)의 앞 글자를 따서 경상도라 이름 붙여졌다고 한다. 조선 중종 14년째인 1519년 두 행정구역은 세분화되었고, 1601년 경상도의 감영이 상주에서 대구로 이전되었다. 태백산맥과 소백산맥에 둘러싸인 내륙 지역, 동해안의 해안선을 따라 길게 늘어서 있는 동해안 지역이 있다. 그리고 중심에 낙동강을 중심으로 형성된 중앙의 저지대 지역으로 크게 구분되어진다.

경상도를 여행하다 보면, 서쪽으로는 소백산맥을 경계로 전라도와 충청도가 마주하고 있다. 북쪽으로는 강원도가 이웃한다. 학창 시절 지리 수업 시간에 경상도는 '동고서저'라는 말을 많이 들었는데 강원도의 산세보다는 조금 약하지만 제법 높은 산들이 굉장히 많다. 산지가 많다 보니 오지도 많다. 그렇다 보니 동해안 벨트라 불리는 동남쪽으로 갈수록 도시가 발달된 편이다. 반면에 해안선 라인보다 경남의 서쪽 내륙지역이 낙후된 지역이 많아 보였다. 모두가 알다시피 경상도의 중심 쪽은 대구권이라고 할 수 있다. 중부권에 속하는 대구에서 동해 쪽과 남해 쪽의 도시가 길게 늘어서 있다. 경상도의 동쪽 해안가는 수심이 깊고 섬이 적은 편이다.

포한 위쪽으로는 울진, 삼척 등 예전에 공비가 자주 출몰했다는 생소한 지역들이 있다. 반면 포항의 아래쪽으로는 섬들도 적고 해안에 항구가 발달하기 좋은 입지 여건으로 부산, 울산, 마산, 창원 등이 항구와 공업도시가 크게 형성되어 있음을 알 수 있다.

경상도를 가보면 아시겠지만 낙동강이 내륙을 중심으로 관통하는 인근에는 석기 시대의 유물들이 다량 출토되는 것을 알 수 있다. 동해안 쪽과 연접한 인근 내륙으로는 청동기 유적들과 삼국시대 중 신라시대의 유적, 유물이 다수 분포되어 있어 탐방객들로 하여금 충분한 만족감을 제공한다. 낙동강의 동쪽 지역에는 삼한시대 때 진한의 12개 소국이 존재했고, 서쪽으로는 변한의 12개 소국이 자리했다고 한다. 진한의 소국 중 하나가 신라로 성장하면서 변한의 가야 문명은 점차 쇠퇴하였지만 신라로 흡수된 금관가야 문명의 흔적들은 경주와 불국사 중심으로 아직까지 생생히 살아있다. 신라 말기 경순왕에 이르러 고려에 항복하면서 경상도 일대는 고려의 영토가 되면서 문화적 융성은 많이 후퇴하였지만 산지가 많았던 탓으로 외부의 침입이 쉽지 않았던지 문화유물과 유적의 형태들이 잘 보존되어 있다.

음식으로는, 진주가 유명하다. 맛의 고장이라고 불리는 진주에는 진주냉면, 게장, 미더덕 덮밥 등을 비롯하여 많은 향토 음식들이 있다. 반면, 경상도 음식은 대체적으로 탁한 느낌이 있는데 전라도에 비해 밋밋하거나 오히려 짠 음식들도 많다. 경상도를 여행하면서 맛본 음식들 중 전국으로 퍼진 음식들을 기억해보면, 대구에는 교촌치킨, 신전떡볶이가 새로 등장하여 유명세를 타고 있다. 하회마을이 있는 안동은 건진국수로 잘 알려져 있다. 전주시와 목포 쪽의 유명한 전라도 음식에는 경상도 음식이 다소 밀리는 듯 보이면서도 경상도에는 지역 나름의 정겨운 향토 음식들이 잘 조화를 이루고 있다. 우리가 즐겨먹는 추어탕이나 부산의 어묵 등은 경상도에서 퍼진 음식들이다. 고갈비나 통영의 굴국밥, 창원의 아귀찜, 포항의 물회 등 얼마나 좋은 요리들이 많은가. 이처럼 우리나라 각지의 지역을 다니면서 우리나라의 문화와 역사를 돌아보고 맛있는 음식을 통해 육체적 건강을 도모하는 것은 인생 후반기에 정말 멋진 일인 듯하다.

인생은 여행과 같고, 한 편의 시처럼 남는다

여행길을 돌아 계모년 삶의 길이 서쪽 하늘에 걸리니 마음도 생각도 초로 같지만 석양의 노을만큼은 화려하고 아름다운 핑크빛이다. 아마 여행의 힘인가 보다. 단지 아등바등 힘겹게 쌓아올린 모든 것이 헛것으로 보이니 허망하다. 인생은 공수래공수거라 했는데 잡으려고 잡으려고 움켜잡으려고 뛰고 뛰어 소유한 모든 것이 한숨 돌려 생각해 보니 이제는 안개처럼 희미하게 보이는 것 같다. 그래서 역사문화탐방기행을 시작하였다. 또 하나의 이유라면 땀 흘리며 씨를 뿌렸어도 아름다운 열매를 맺지 못함이 황혼의 문턱 길 닿아보니 부질없는 세월의 꿈만 같아서였다. 그래서 시작된 여행길. 여행을 통해 지인들을 만나고 그 길을 반추해보니 인생길도 여행길이나 마찬가지라 생각된다.

여행을 다니면서 버스 안에서, 기차 안에서 떠오르던 글들을 메모하며 적어왔다. 다음은 그간 모아왔던 몇 개의 글을 소개하고자 한다.

노을 진 인생

나 이제 노을길 밟으며

나 홀로 걷다가 뒤돌아보니

외롭고 고달픈 인생길

굽이굽이 그리움만 가득히 고였네요.

쓰라린 아픔 속에서도 산새는 울고

추운 겨울 눈발 속에서도

동백꽃은 피고 지고

슬픔 속에서도 아픔 속에서도

내 살아갈 이유 있음은

밤하늘에 별이 뜨듯이 마음 한켠의 불빛 때문이랍니다.

외로움 속에서도 들꽃은 피어나고

슬픔 속에서도 행복한 날들이 있었답니다.

내 아픔 속에 당신이 거기 계시니

내 안에 가득 사랑의 노래가 담겨져 있어요.

이것이 인생이란 걸 왜 지금에서야 보이는지!

덧없는 세월속으로…

허망한 삶속으로…

오늘도 당신께로 달립니다.

그리고 아픈 흔적들은 하나하나 지우며 조용히 조용히 내일을 바라봅니다.

세월 따라 가버린 사랑

미련도 원망도 심해에 띄워놓고 인연 따라 흘러가면 사랑이 있겠는가

한 번의 사랑이 그렇게 아프던가요.

아직도 버리지 못할 앙금이 남았다고 보는가요.

바람이 쉬어 간다고 사랑도 쉬어 가는 건가요.

그냥 입가에 미소 한번 흘리고 덧없다 생각하고

잿빛 머문 하늘 온몸에 두르고 소리 없는 울음에

서러워 서러워 그냥 그 자리에 철퍼덕 눌러앉았습니다.

왜 떠나셨나요, 그리운 내 사람아~! 있으면 안되었나요

인생길 운명이 나를 안고 살았나, 내가 운명을 안고 살았나

굽이굽이 살아온 자국마다 가시밭길 서러운 내 인생길

다시 가라 하면 나는 정말 힘겹고 두려워 못 가네요.

삶의 마디마디 서러워서 나는 다시 못 가겠답니다.

지는 해에 실려 보낸 내 사랑아…

바람처럼 사라져간 내 인생아…

아~, 잊지 못할 내 사랑이여 눈물이여.

세월 속에 묻어버린 내 청춘이여.

이른 아침 창문 밖 오동나무에 까치가 날아와 사랑은 다시 불러보라 나를 부르니

인생은 눈물 되어 나를 떠미네요.

짝

한 번쯤 훌훌 달아나 봤으면 좋겠네요.

한 번쯤 사랑해선 안 될 사람을 사랑해 봤으면 좋겠네요.

숨바꼭질하듯 숨어 다니며 데이트를 즐기고

감칠맛 나는 삶에 대해 개인 지도나 한번 받아 봤으면.

세상에 짝이 있다는 건 좋은 일이지요.

숟가락이건, 젓가락이건, 신발이건, 친구건, 연인이건 짝이 있다는 건 기쁜 일이지요.

그것은 이렇게 서운하기 짝이 없는 세상에서

혼자는 아니라는 뜻이 아니겠습니까.

인생아! 미안하다 연습도 없이 시작한 내 인생 참 실수투성이구나.

마음은 간절한데 말은 늘 자꾸 헛나가고

상황은 늘 반대로만 전개되고

사랑은 너와 나 부족함을

안아주는 일임에도 인생은 너와 나 쓸쓸함을 토닥여주는 일임에도
그리하여 너와 나 소박한 꿈
이루는 일임에도 스쳐간 내 인생아!
이제 와서 뒤돌아보니 참으로 미안쿠나.

후회

인생살이 누구나 찌들고 지치다 보면 가끔 후회하게 마련이다.

후회하지 않겠다며 다짐을 하지만 현실과 동떨어진 삶이 늘 나를 기다린답니다.

아시나요?

세월이 삶을 가르쳐 주지 않던가요.

큰 욕심을 버린다면 후회는 다른 사람의 것이 되던걸.

밤이 지나야 아침이 온다는 것을 비로소 시간의 때가 차야 알게 되더군요.

내 마음에 찌든 때와 욕심도 비울 때 비로소 지워지기 시작하더군요.

꽃은 피어날 때 향기를 토하고 물은 연못이 될 때 소리가 없지요.
언제 피었는지 알 수 없는 꽃은 향기를 날려 자신을 알리고
마음을 다스려 평화로운 사람은 한 송이 꽃이 피어나듯
침묵하고 있어도 저절로 향기를 풍겨내요.

대나무는 속도 비우면

흔들릴지언정 부러지지 않는다는데

비워둔 내 방은 며칠도 못 가 먼지만 수북이 쌓여만 가네요.

끊임없이 쌓이는 돌보지 않은 내 마음의 찌든 이 때는 어찌하면 좋으리요.

오늘도 철로 길을 달리고 있는데

인생은 다 꿈이라고 앞서간 선배께서 말씀하시네요.

여행길 편지

여행을 하면서 달리는 열차에 앉아 창밖을 더듬노라면 많은 생각과 상면들이 스쳐 지나간다. 가까운 나무들은 휙휙 형체도 없이 도망가고 먼 산만 오롯이 풍경으로 잡힌다.

해 바른 창가에 기대앉아 겨울을 물리친 강둑의 아지랑이를 바라보자면 햇살은 아물아물 피어오르고 시간은 레일 위에 미끄러져 한 쌍의 팽팽한 선을 긋는다. 인생길도 그런가 보다.

더듬으면 달음질치고 돌아서면 잡히는 생의 숙제를 흔들리는 유리창에 머리를 묻고 생각해 본다. 바퀴 소리 덜컹덜컹 총알처럼 가슴에 박히는데 그 속에 내가 있고 당신이 있고, 인생들의 한숨이 있다. 아직도 못다 한 우리의 시름이 있는 듯 가까웠다 멀어지는 바깥세상을 졸리운 눈으로 바라본다. 눈 속으로 얼키설키 감겨오는 전선 위에 무심히 내려앉은 저걸 사람들은 하늘이라 그런다.

반짝이는 것이 다 빛이겠습니까.

높은 것이라고 다 산이겠습니까.

꽃이라고 다 아름답겠습니까.

빛나는 것이라고 다 보석이겠습니까.

사람이라고 다 사람이겠습니까.

진실이 허물어져 가면 우리는 자신을 어디서 찾으시렵니까.

진실은 하나뿐입니다. 하나뿐인 진실을 잃어버린다면 나를 잃어버리는 것입니다. 때로는 여행하는 까닭이 진심 안에 담긴 소박한 나를 찾고자 함 때문입니다. 어울리고 섞여 함께 여행하는 가운데 나의 나 됨을 발견해가는 즐거움이 여행길입디다.

인생은 더불어 사는 삶입니다.

움직이지 못하는 벽! 마음대로 떠다니는 구름!

밤에만 불을 밝히는 가로등!

전혀 어울리지 않는 조화이지만

그래도 잘들 살아가고 있어요.

하늘은 하늘이요.

벽은 벽일 뿐인데도

밤이 오면 가로등은 빛나려 하고

낮이 오면 가로등의 역할은 소임을 다하고 휴식에 들어갑니다.

전국구로 돌아다니는 중에 들었던 역사문화의 이야기와 전통에 얽

힌 유래를 간단히 소개하였다. 그리고 중간중간 떠오르는 시상도 자작 시와 소감을 곁들여 소개하였다. 그간 전국을 탐방하며 경험적으로 배우게 된 점들이 많기 때문이다. 특별한 기억들을 우리 세대의 이야기라 생각하고 동년배나 후배들에게 함께 나누고 싶은 마음이다. 고려대학교 명강사 과정을 밟게 된 것도 보다 적극적인 관점에서 역사문화 전개 활동 과정에서 느낀 점을, 보다 폭넓게 풀이하고 널리 소개하고자 하는 취지다. 고려대 명강사 과정을 통해 역사문화 탐방에 대한 식견을 보다 효과적으로 공유하고 나눌 수 있을 것이라 여겨진다. 더욱 많은 분들이 우리 역사문화 모임과 고려대 명강사 과정에 동참하여 인생을 나누고 꿈을 나누었으면 하는 바람이다.

CHAPTER 9

진정한 '삶의 목적'을 찾아서

장선아

Mobile
010-3812-6112
Email
nakgak@naver.com

학력 및 경력사항

- 칼빈대 대학원 사회복지학박사(ph.D.) 졸업
- 동방대학원 교육학박사(ph.D.) 졸업
- 한국문화복지콘텐츠학회 총무이사
- 나이팅게일요양원//한사랑요양원//주야보호-운영
- 노동부 NCS 강사
- 보건복지부 "희망이음"경기도 교육강사
- 서울기독대학교 사회복지학
- 경기대 사회복지학
- 배움사이버평생교육 실습교수

강의 분야

- 힐링, 사회복지

자격 사항

- 외국인을 위한 한국어 교원자격

저서

- 박사논문 2, 학술지 3
- 茶 談(더 나은 세상을 꿈꾸는 사람들의 이야기)-'다담' 공저
- 공동저서-사회복지조사론(대표 저자, 2021년), 사회복지개론(2021년), 사회복지행정론(2021년), 사회복지와 문화다양성(2020년)

행복은 '바쁜 일상'에서 온다

매해 연말이 다가오면 항상 생각이 난다. 어릴 때 안데르센의 동화에서 나오는 '성냥팔이 소녀'다. 추위 속에서 언 맨발로 성냥을 팔던 가난하고 불행한 어린 소녀는 팔리지 않는 성냥개비를 켤 때마다 잠시 행복한 상상을 한다. 성냥개비 하나하나가 소녀의 온기가 되지만 마지막 성냥과 함께 소녀는 잠든다.

성인이 된 이후 난 어린 시절의 크리스마스에서 느끼던 감동과 감격은 무뎌졌지만 다시 생각해보면 소녀보다 소망을 더 노래할 수 있음을 깨닫는다. 그리고 늘 꿈을 주며 잃지 않게 했던 소녀에게 고마움을 느낀다. 우아한 식사와 와인은 아니더라도 늘 꿈에 맴돌던 아름답고 소중했던 옛 기억들은 분명 나도 한때 한없이 행복했던 소녀였음을 상기시켜 준다.

어느덧 올 한 해도 달력 마지막 한 장만을 남겨두고 있다. 해마다 12

월이 되면 아쉬움과 조금 더 뛰고 노력했으면 어떨까 하는 생각이 든다. 그러면서도 크리스마스를 앞두고 늘 정신 없이 바쁘게 일하는 내 모습을 보면 열심히 산다는 생각과 함께 쉼 없이 달리며 해소되지 못하는 시간에 대한 아쉬움을 남기면서 또다시 내년을 기약한다.

수많은 날은 떠나갔어도
내 맘에 강물 끝없이 흐르네.

그날 그땐 지금 없어도 내 맘에 강물 끝없이 흐르네.

요양원을 운영하는 나는 시설에 종사하면서 수많은 어르신과의 만남을 겪는다. 그리고 그 과정 속에서 내 인생을 되돌아보고 언젠가 맞이할 노년의 때도 생각하게 된다. 요양원을 운영하면서 입소하시는 제각각의 어르신들을 접하노라면 모습 자체에서 한 분 한 분의 삶이 거울처럼 투영된다. 기쁨보다는 슬픔과 흥분, 격분 속의 감정들을 지니신 어르신들께 안정감과 희망을 전하는 것이 내 소임이라 생각하며 최선을 다한다. 요양원에 입소하시는 어르신들은 즉각적인 현장 속의 인지가 감정과 행동에 바로 영향을 미치고 행동도 인지에 영향을 미칠 수 있다. 따라서 신념과 희망을 전한다는 것은 여간 어려운 일이 아닐 수 없다.

그러면서 이런 생각과 마주하게 된다.

나는 지금 행복한가. 오늘의 삶에서 진정한 행복의 경험과 의미를 느끼며 하루를 영위하고 있는가? 일상의 찌든 하루와 씨름하면서 불필요한 집착이나 욕망에 시간을 허비하고 있지는 않은지. 진실을 외면하며 가식의 굴레 아래 삶의 감옥에 갇혀 살고 있지는 않은지 되돌아볼 일이다. 나이가 조금 더 들고 우리의 운명이 다해갈 무렵, 삶을 매듭짓기 직전에야 진정한 행복을 외면해 온 자신을 되돌아보며 삶을 후회한다는 것은 너무 늦다.

누군가는 자식들을 위해서?

누구는 돈 많이 벌기 위해서…

하지만 진정한 '삶의 목적'인 행복을 위해 살아가는 사람들이 얼마나 될까?

이러한 물음 앞에 삶의 회복을 찾아가고 싶다.

내 하나뿐인 인생을 살 만한 가치가 있는 날들로 채우기 위해 나는 오늘도 한 걸음 한 걸음 내딛고 있다. 소중한 인생을 목적도 없이 방향도 없이 살아간다는 것만큼 불행한 일이 있을까? 안 죽어서, 죽지 못해서 사는 삶이 아니라 삶 속의 다양한 위기 상황을 헤쳐 나가며 자신과 마주하는 삶을 나는 주장하고 싶다.

시련과 역경을 마주하고 실패에 주저하지 않는 삶.

좌절과 무기력을 딛고 오히려 도약의 발판으로 삼아 더 높은 마음의 근력을 키우는 삶.

그런 결단과 마음가짐으로 '아, 이제 기회가 없는 절망뿐이다.'라든가 더 이상 재기할 힘과 의지가 부족한 분들로 하여금 절망의 손실을 메우고 일어날 수 있는 희망을 깨우며 살아가는 삶.

이 삶을 위해 대학에서는 학생들을 가르치며, 요양원에서는 입소자들에게 동기를 부여하고 일으키는 소명의 하루하루를 보내고 있다.

우리는 모두 행복한 삶을 원하고, 의미 있는 삶을 추구한다. 하지만 하루하루 생존하기도 힘들고 버거운 이 척박한 삶에서 행복을 바란다는 것은 사치일까? 인간은 영원히 살지 못하는 유한적 존재다. 이 죽음에 대한 인식은 인간을 인간으로 만드는 중요한 요소 중 하나다. 그래서 하이데거의 "오직 인간만이 죽고 식물과 동물은 소멸할 뿐이다."라는 말은 인간만이 시간을 의식하는 존재임을 말한다. 따라서 이 유한한 삶에서 무엇이 가장 소중한 가치인가를 생각하게 하며 성찰하게 한다.

사람은 자신의 죽음을 인지하면서 비로소 행복과 의미를 추구하고자 하는 갈망을 가지게 된다. 나 자신의 유한성을 인식하는 순간 불필요한 집착과 허울뿐인 감옥으로부터 벗어날 수 있다.

행복이란, 소중한 현재의 감정을 깊이 느끼고 단순함을 즐기는 데서 시작된다고 한다. 내가 가진 상념으로부터 자유롭게 사고하고, 도전하고, 남이 필요한 사람이 되는 능력에서 나오게 된다고 스톰 제임슨은 말한다. 그러고 보면 한때 행복이라고 느끼지 못하고 지나쳤던 기억들이 정말 행복했었음을 뒤늦게야 깨닫곤 한다. 가족에게도 있고, 주변에서도 쉽게 볼 수 있었던 행복 그 "행복"에 대해 깊게 생각해 본다.

죽음에 대한 인지는 비로소 자신의 행복과 의미 추구의 발로가 된다. 그러므로 자신의 유한성을 인식하는 순간 불필요한 집착과 허울뿐인 감옥으로부터 벗어날 수 있을 것이다.

따라서 무엇이 우리에게 의미와 행복감을 주는가?

무엇이 나를 행복하게 만드는가?

행복을 마냥 수치로 측정하는 것은 쉽지 않다. 삶의 여정 속에 때때마다 오르락내리락을 반복하는 시소처럼 행복도 밀물이 되기도, 썰물이 되기도 하기 때문이다.

그럼에도 가장 비참한 것은 주변의 지인들과 비교하면서 행복을 측정하는 것이다. 돈과 명예, 성공에 대한 비교는 끝이 없다. 자녀에 대한 교육 수준과 출세 지향적 관념은 결코 행복을 가져오기 어렵다. 어느 순간부터 우리가 살아가는 세상은 많은 부문이 거꾸로 돌아가고 있다. 예를 들면, 사람을 위해 돈이 만들어졌다. 그러나 사람들이 돈에 너무 집착하면서 도리어 돈의 노예로 전락하고 말았다. 몸을 따뜻하게 하고 피부를 보호하기 위해 옷이 있는데 옷이 너무 값비싼 나머지 사람보다 옷이 더럽혀지면 안 된다.

쓸쓸한 노후.

많은 돈을 가지고 있으나 써 보지도 못하고 죽어가는 사람들.

미래의 노후 대책 때문에 오늘을 행복하게 살지 못하고 내일로 이전하다가 마침내 생을 마감하는 서글픈 노년들 모두 우리 주변의 현실이자 안타까운 일이다.

만약 하루하루의 수고가 없이 우리가 더 행복할 수 있을까? 아니, 우리는 반대로 바쁜 나날을 그리워하게 될 것이다. 바쁜 일상이 있기에 휴식은 더 달콤한 행복이 된다.

영국 수필가인 찰스 램(Charles Lamb, 1775-1834)의 이야기를 생각해 보면 참된 휴식과 행복에 대한 지혜를 얻을 수 있다. 찰스 램은 1792년 영국 동인도 회사 입사를 시작으로 33년간 직장생활을 했다. 그는 평소 글 쓰는 것을 좋아하여 회사에 다닐 동안 많은 글을 썼다. 그의 작품 대부분은 직장생활 내내 준비해온 것이나 다름없다.

그는 평소 이런 생각을 자주 했다. '마음대로 글을 쓸 수 있는 자유시간들이 있다면 얼마나 좋을까?' 직장생활이 글 쓰는 데 방해가 되는 구속처럼 느껴졌다.

그는 정년퇴직의 날을 기다렸고 마침내 퇴임의 때가 되었다. 마지막 출근 날 찰스 램은 들뜬 마음으로 가득했다. 주말이나 휴가를 빼면 하루도 거르지 않고 다녀야 하는 회사의 구속으로부터 마침내 자유를 찾은 것이다. 이제 아무 때나 내 맘대로 쉬고 글쓰기에도 몰두할 수 있다는 생각에 마냥 행복할 것이라 생각했다.

주변의 동료들도 이제 퇴근 후에나 쓰던 수필작업이 낮에도 가능하게 되었으니 작품이 더욱 빛나겠다고 축하해 주었다. 찰스 램도 동료들에게 화답 차 "햇빛 아래 쓰는 글이니 별빛만 보고 썼던 지난날의 글보다 훨씬 더 빛이 나는 건 당연하겠지요."라며 기쁨을 감추지 못했다.

다음 날 램은 수십 년을 다니던 회사를 정년 퇴임하였다.

그로부터 3년이 지난 어느 날 램은 회사의 옛 동료에게 다음과 같은 내용의 편지를 보낸다.

"하는 일 없이 한가하다는 것이 이제는 괴롭습니다. 매일 하는 일 없이 빈둥대다 보니 글 쓰는 영감도 떨어지고 나도 모르는 사이에 자신을 학대하는 마음이 생기는 것 같습니다. 글쓰기의 재료가 되는 좋은 생각들도 일이 바쁜 가운데 잘 떠오른다는 것을 이제야 깨닫습니다. 일 없는 휴식이 일상이 되는 것은 한두 달이면 족할 뿐 더 이상 달콤하지 않습니다. 바쁜 것보다 훨씬 괴로움이 더할 뿐입니다. 빛이 없는 마음에 글이 빛날 까닭도 없습니다."

램의 말을 통해 우리 삶을 되돌아보면, 우리가 살아가는 바쁜 일상은 어찌 보면 삶의 곳곳에 휴식이 깃든 큰 축복이자 행복이 아닐 수 없다. 우리가 하는 일 속에서도 삶을 반추해보고 돌이켜 보면 그 속에는 값진 교훈들이 함께한다.

봉사하고 어르신을 섬기는 나의 직업과 비슷한 경험을 가진 호주의 한 여성에 관한 이야기도 있다.

호주에 사는 이 여성은 대학을 졸업하고 난 뒤 은행에 취직을 하였다. 남들은 탐내는 은행원으로 일하지만 본인은 그 일이 평생 할 일이 아니다 싶어 그만두었다. 그리고 꿈과 행복이 함께하는 일을 찾을 겸 영국으로 긴 여행을 떠났다. 여행 기간 동안 조금이라도 생활비를 벌어 볼 겸 노인들 병간호 일을 시작했다. 그 일은 호주에서 돌아와서도 계속되었고 그녀의 새로운 직업처럼 보였다. 붙임성도 좋고 사람을 편하게 하는 그녀의 성격과 태도에 간병을 받는 노인들은 점점 마음을 열게 되었다. 그리고 자신들이 살아 온 일과 얼마 남지 않은 생애에 후회되는 것들을 하나둘 얘기하기 시작했다. 깜짝 놀랄 일은 어르신들의 이야기가 대동소이한 것이었다. 그리고 거의 똑같은 공통점으로 엮여 있다는 걸 깨달았다. 그녀는 어르신들의 이야기를 묶어 노트에 정리하였고 마침내 한 권의 에피소드로 편집되었다. 고령인구의 관심과도 일맥상통하였는지 그 책은 베스트셀러가 되었다.

주요 내용은 다음과 같다.

첫째, 정직하지 못한 점, 그리고 자신이 살고 싶은 삶 대신 주위 사람들을 의식하고 그들에게 보이기 위한 삶을 산 것이었다.

둘째, 너무 열심히 살았다지만 가족과 휴식도 없이 아등바등 돈만 생각하며 산 것이었다. 가족과의 시간을 보내지 못한 후회다. 자식들과 관계도 없이 그들은 다 커버렸고 배우자와의 추억도 없다.

셋째, 자신의 감정을 솔직하게 표현하지 못하고 살아 온 점이다. 때로는 용기가 없어서 때로는 우유부단해서 감정을 억제하고 누르기만 하였던 점. 그러다가 병이 되기도 하여 고생한 경험이었다.

넷째는, 친구들과 소통하며 살지 못한 점이었다. 돈을 더 벌어야 하기에, 궁궐 같은 집에서 살아보고 싶은 욕망 때문에 시간과 틈을 내지 못하고 살아왔던 것이다.

마지막은, 행복을 선택함에 있어 주저하거나 문외한이었다는 것이다. 더 행복할 수 있었는데 자신의 행복을 외면하고 살아왔던 점이다.

2027 장기요양제도 개선계획

우리나라는 급속한 인구 고령화에 따른 고령화율이 20%를 넘는 초고령 사회에 진입하고 있다. 자연히 노인 인구의 규모가 커지면서 돌봄이 필요한 75세 이상 후기고령자 비율도 크게 증가 중이다. 이로 인한 경제적 불안, 일상에서의 어려움을 겪는 경우도 급속히 증가 중이다.

정부는, 〈제3기 장기요양기본계획(안)〉을 통해 초고령 사회의 현실에 적합한 장기요양서비스를 준비 중이다. 주요 골자는 다음과 같다.

첫째, '집에서 적절한 돌봄을 받을 수 있도록' 장기요양서비스를 강화한다.

재가서비스와 재가급여 지원 방식을 중증 수급자에 대한 생활 지원 강화를 확대한다. 또한, 통합재가서비스를 늘릴 예정이다. 재가서비스 기관이 올해 4월 기준 50개 기관에서 2027년에는 약 1,400개까지 확대된다. 통합재가기관에서 책임감과 전문성을 갖추고 서비스를 제공한다.

재가환경을 개선하고, 수시방문과 이동지원을 활용 수급자의 일상 불편을 완화해간다. 의료와 요양을 연계하는 재택의료 서비스도 늘린다. 재택의료센터 전국으로 확대하는데, 앞으로 2027년까지 모든 시군구에 1개소 이상 확충할 예정이다. 방문진료, 간호와 사례관리를 제공하고, 재가수급자가 지역사회에서 계속 거주지원을 강화한다.

비대면 건강관리를 위해 의사, 방문간호사 간의 협업이 강화된다. 간호 처치가 필요하다고 인정받는 경우 앞으로는 1·2등급 수급자는 조건 없이 월 1회 서비스를 받을 수 있다. 간호의 유효기간도 현행 180일에서 1년으로 연장된다.

둘째, 수급자의 '가족'을 위한 지원도 강화한다. 우선 상담 서비스 65개 센터를 227개소로 확대하여 가족상담 전용 앱을 개발하는 등 맞춤형 정보를 제공하게 된다.

가족 치매가족휴가제는, 단기보호가 연간 9일에서 12일로, 종일방문요양은 18회에서 24회까지 늘어난다. 수급자 예방·사례관리도 국가건강검진 협업에 의한 예방관리 방향으로 유도한다. 이는 수급자 중심의 장기요양 사례관리 체계를 마련하여 수급자의 개인별 요구와 욕구를 중심으로 서비스를 제공한다. 사례관리는 사회복지사가 수급자의 집으로 직접 방문해 서비스 제공 상황을 모니터링하고, 개선사항을 도출한다. 보다 적극적인 방향으로 전환되는 것이다.

공단은, 빅데이터를 활용해 장기요양 수급자 관리와 급여 점검 및 다른 요양기관과 상호 연계하는 모니터링 체계를 마련한다. 수급자의 복지권을 보장하되 판정 등급체계도 통합형 판정도구를 개발한다. 노인의 욕구와 필요도를 보다 구체적으로 반영하고자 2027년까지 개선 작업을 추진하는 것이다. 장기요양 급여 관리체계에 있어서는, 서비스 로드맵을 마련하고, 변화된 수요나 신규 요양서비스에 대해 본인 부담 차등 지원 방안을 연구할 예정이다.

셋째, 장기요양기관 품질 관리를 위해, 장기요양기관 수급을 관리를 통한 서비스 개선을 강화한다. 이를 위해, 공립 노인요양시설을 2027년까지 181개소 확충할 계획이다. 집 같은 요양시설 '유니트케어' 모델을 도입하고 어르신에게 편안함 제공하는 유니트 모형이 마련된다.

시설에서의 의료 및 간호 서비스 강화된다. 계약 의사와 시설 간호사 간의 협력을 강화한다. 요양보호사 1인당 돌봄 인원 축소 계획 및 지원 확대된 예정이며, 경력관리 및 근무여건 향상방안도 개선된다. 요양보호사의 업무 부담을 줄이기 위해 돌봄로봇이 도입 지원된다.

시설 내 안전과 인권 보호에 중점을 둔 평가도구를 개발해 우수한 기관에는 인센티브를 지급한다. 한편, 장기요양기관 진입-평가-퇴출 관리를 강화해 기관 운영 능력 부족, 향후 심사 강화로 통제 예정이다. 지자체 간 다르게 적용되는 지정기준도 표준화되며, 상시 평가와 부실 운영 기관은 6년마다 갱신심사를 한다.

서비스 평가와 관리체계는, 데이터 기반 평가체계로 전환된다. 장기요양지원센터 기능도 늘린다. 초고령사회를 대비해 장기요양보험의 재정 건전성을 높이고, 사업운영을 효율화하며 중앙과 지자체의 협력을 강화하는 형태로 제도의 관리 방식을 혁신한다. 특히, 스마트 장기요양 돌봄 체계를 도입하고, 장기요양위원회의 논의를 활성화하며, 스마트 돌봄 기술체계를 구축하기 위해 2027년까지 약 270억 원을 투자해 이동이나 목욕 같은 일상 도움을 제공하는 로봇 개발을 확산해 간다.

CHAPTER 10

음악과 함께하는 내 삶의 여정

Tenor 한상열

Mobile
010-3760-9247
Email
hsy9e47@daum.net

학력 및 경력사항

- Accademiadi musica Alberto Mozzati Mezzago Milano
- 천안시립 합창단 역임
- 사단법인 한국음악협회 군포시 지부장 역임
- 수리콩쿠르 조직 위원장 역임
- 군포남성중창단 창단자
- 벧엘 음악학원 원장 역임
- 현 과천중앙교회 지휘자
- 대전 KBS 신춘 신인음악회 출연
- 늘푸른음악회 출연
- 찾아가는 음악회 출연
- 거리로 나온 예술 출연
- 재독 한인회 초청 출연
- 대야초등학교 합창 지도
- 고려대 명강사 최고위과정 18기 사무총장

자격 사항

- 명강사 명강의1급
- 평생교육1급
- 인성지도사

수상 경력

- 문화예술진흥유공표장
- 경기도지사상 김문수
- 표창장[국회의원 김정우]
- 감사패[재독한인총연합회장 정성규]
- 군포시의장상

저서

- 명강사 25시(공저)

프롤로그

겨울이 지나고 새봄이 왔다. 왼쪽 가슴 명찰 아래로 길게 늘어뜨린 손수건을 더 이상은 꼬리표처럼 달고 다니지 않아도 되었다. 1층 기다란 본관 건물 옆으로 20여 미터 떨어진 곳에 작은 강당이 있었다. 우린 그곳을 제주도 교실이라 불렀다. 그곳엔 풍금 한 대가 놓여 있었다. 음악 시간이면 그곳으로 이동했고, 유일하게 음악 시간만큼은 교감 선생님이 수업을 담당했다. 선생님은 두 명, 세 명 짝을 지어 나와서 노래를 부르게 했다. 두 개의 화음(코드)이 사이를 두어 연달아 울리면 차례가 되어 나온 사람이 아이들을 향하여 차렷, 경례를 했고, 노래의 마지막 행이 서주로 울리면 이어서 노래를 시작했다. 덩치 큰 선생님의 투박했던 손가락이 작다란 건반 위에 놓인 모습은 아직도 눈에 선하다. 희고 검은 건반은 일률적인 형태로, 손가락이 다가와 쓰다듬어 주길 기다리다가 스스로 지닌 제 고유의 아름다운 소릴 마음껏 자아내었다.

아이들도 잡담을 하거나 딴전을 피운 일이 없었다. 다듬어지지 않은 목청이 풍금 소리에 길들여졌다. 창문 밖으로 울려 나갔다. '고향의 봄'을 부르면서 동무들과 누나들과 논밭에 난 여러 가지 나물을 캐는 광경이 떠올랐다. "뜸-북 뜸-북 뜸-북 새, 논에서 울고…"를 부를 땐 마비된 한쪽 다리를 가슴에 품고 온종일 우두커니 혼자 집에 앉아 있는 할머니 생각이 났다. 어떤 때는 인형같이 차려입은 예쁜 여자애를 힐끗 쳐다보고는 괜히 혼자 수줍어지기도 했다. 그 아이는 지금 어디서 무엇을 하며 살고 있을까.

이듬해 여름 난 읍내의 초등학교로 전학을 했다.

- 최인규 수필 「2년 6개월의 초등학교」 중에서

중·고등학교 선생님과의 만남

중학교 음악 시간, 선생님의 피아노 반주에 맞추어 우리는 즐겁게 노래했다. 대부분의 학우들이 주어진 음악 시간을 별 부담 없이 때우려는 모습들이었지만, 나는 언제부턴가 어느 과목보다도 이 음악 시간을 간절히 기다리고 있었다. 자연스레 설렘이란 단어와 일심동체가 된 느낌이었다. 쿵쿵 쾅쾅, 심박동 소리가 가슴을 공명하며 어느새 내 얼굴은 상기되었고, 한 소절, 두 소절을 열정과 감정을 담아 부르는 자신을 발견할 무렵에 선생님께서 내게 성악을 공부하느냐고 물어보셨다. 70년대 국가 경제적으로 어려웠던 시절에 시골에서 성악 레슨을 받을 정도로 문화 예술적 마인드를 지닌다는 게 특별한 경우가 아니라면 결코 쉬운 일이 아닐 것이었다. 또래의 급우들에 비해 남다른 음악적 재능과 자질을 발견하셨을까. "너는 맑고 고운 목소리를 지녔고, 느낌을 잘 담아 표현해낸다."며 꼭 성악을 전공하라는 선생님의 진심 어린 당부

속에서 고등학교에 진학했다.

합창부에 들어가 특별활동을 하며 본격적인 음악학도로서의 꿈을 키웠다. 다른 한편으로 노문규 선생님께서 직접 창단하신 해바라기 합창단 활동을 추천하셨다. 지금도 그렇겠지만 아무리 시골이어도 고교생이 일반 합창단에 들어가 활동하는 것은 결코 쉬운 일이 아니었다. 전국 단위의 합창경연 대회를 준비하는 과정에서 우리 가곡 '고향의 노래'를 처음 접하게 되었고, 반주 초입부에 흐르는 꾸밈음의 선율이 얼마나 아름답고 감미로웠는지 형언할 수 없었으며 그 고향의 노래는 지금까지도 내 첫 번째 애창곡으로 자리매김하기에 이르렀다. 그러던 중에 선생님께서 진로상담을 해주셨다. 당시 음악(성악)에 대한 보편적 시각은 물론 직업적으로도 좁고 험난한 길이 분명했던 것에 더하여 집안 여건과 부모님의 반대가 앞을 가로막았다. 어려 날 고심하던 중에 선생님께서 방향을 제시해 주셨다. 먼저 부모님을 찾아 설득하였고 당장의 레슨도 무료로 진행해 주신 일이었다. 당직 근무 때 숙직실에서 함께 하루하루를 지내며 학교 진로에 대한 상담과 성악에 입문하기 위한 기본적인 음악적 소양을 갖춰나갔다. 그러면서 피아노는 모든 음악 전공자에게 필수인 만큼 꼭 배우라는 말씀에 따라 피아노학원에 등록하고 방과 후에는 읍내에 있는 피아노학원으로 내달리기를 반복하였다.

그와의 인연

처음으로 피아노를 접하면서 의례적인 바이엘 교본에 맞춰 피아노 걸음마를 떼 가던 어느 날이었다. 옆방에서 30분 이상 손가락을 풀며 열정적으로 피아노를 치는 필자 또래의 남자가 눈에 들었다. 키도 크고 멋진 이 친구가 바로 고려대 명강사 최고위 과정 17기를 수학한 최인규 동문이었다. 두 사람의 인연은 시골 읍내 어귀에 자리한 피아노학원으로부터 그렇게 시작되었다. 잠시 쉬는 시간이면 친구는 늘 담배를 피웠다. 어쩌면 그리도 맛있게 멋있게 담배를 피워대는지 그 모습은 나를 현혹하기에 충분했고, 한 대 얻어 피우고 싶다는 생각을 절로 들게 만들었다. 친구에게 담배 얘기를 하면 그는 늘 화들짝 놀라 거절하기 일쑤였다. 성악을 하는 사람은 자신의 몸을 악기로 여겨야 하기 때문이란다. 비가 내리는 날이면 나름 클래식한 분위기를 갖춘 찻집에서 그와의 시간을 즐겼다. 그 시절 한창 유행하던 '무작정 당신이 좋아요~'

같은 노래를 들으며 커피를 마셨다. 음악을 이야기하고 서로의 미래와 진로에 대해 이야기하다가도 우리는 아무 말 없이 조용한 침묵 속에 빠져 시끌시끌한 공간에서의 고독을 탐닉했던 날들이었다. 우리는 같은 대학에 진학하여 함께 음악에 매진하자는 약속을 했다. 서로의 응원과 격려 속에서 허구한 날 음악만을 위해 살던 시절을 지나 어느덧 입시철을 맞이하고 있었다.

친구의 아버지는 술을 드신 날에는 유독 그와의 갈등과 마찰이 심했다. 일례로 그의 어머니를 졸라 할부로 들여놓은 피아노를 부수겠다며 도끼를 들고 피아노 연습에 몰두하는 친구 방으로 난입한 사건 등이 그러했다. 친구는 그럴 때마다 온몸으로 그를 막아서며 한 집안 부자간의 갈등이 최악으로 접어든 어느 날 우리는 서로 갈림길에 놓이고 말았다. 사내자식이 먹고살 짓이 없어 피아노나 '띵땅'거리냐며 눈엣가시와도 같이 대했던 친구의 아버지가 그와는 아무런 상의도 없이 우선 입영지원서를 신청하여 영장을 받아들게 된 일이 발생한 것이다. 친구 어머님과 나는 아무 말 없이 버스를 타고 그가 논산 훈련소에 입소하는 과정을 지켜보며 무거운 발걸음을 뒤로하게 되었다. 그 후 친구는 훈련을 마치고 공교롭게 서울의 한 부대에 자대 배치를 받고 군악대에 근무하면서 성실히 국방의 의무를 수행하기에 이르렀다. 제대 후에 부친과의 갈등이 지속될 것을 염려한 친구가 장기복무를 선택하여 7년여를 군 복무에 이바지하던 때에 나는 대학을 졸업했다. 군대 입영을 앞두고 잠시 음악학원을 운영하게 되었다. 친구는 시간이 되면 퇴근 후에 학원으로 달려와 나를 반겼고 피아노 연습에도 열중한 모습이 아직도 생생히 기억에 남아있다.

사람들은 저마다 잊히지 않는 한두 가지의 사연과 추억이 있을 것이다. 어느 날 우리는 충남 태안으로 드라이브 여행을 했다. 지인의 소개로 친구는 중등학교의 한 여선생님을 알아가던 중이었다. 그녀의 퇴근 시간을 기다릴 겸 둘은 인근에 위치한 연포해수욕장으로 향했다. 한데 들뜬 마음에 그랬는지 핸들을 잡고 있던 친구는 바닷가에 도착하자마자 백사장 한가운데로 차를 몰았다. 백사장을 거닐며 수평선을 바라보고 기러기의 비행을 접하며 바다의 낭만을 만끽하였다. 그런 사이 밀물이 된 바다가 차가 주차 된 해변 백사장까지 밀려든 것이다. 차를 이동하려고 했지만 제자리에서 헛바퀴만 돌 뿐 깊이 팬 수렁 속으로 점점 더 가라앉기만 할 뿐이었다. 아직은 운전 경험이 많지 않았던 그때의 상황에 우리는 너무나도 당황해했다. 앞으로 밀고 뒤로 밀고 갖은 수단 방법을 다 동원했지만 모두가 허사였다. 불길한 생각이 엄습했다. 밀려든 바다는 기어이 친구의 애마를 집어삼키고 있었다. 영화 속에서 바닷물에 잠기는 자신의 배와 함께 끝까지 남아 조용히 최후를 함께하는 선장의 심정이 이와 같을까. 결국 차는 반쯤 물에 잠긴 채 앞서 언급한 친구와 사귀고 있는 선생님의 도움으로 간신히 물 밖으로 끌어낼 수 있었다. 태안 시내에서 사업장을 운영하는 그녀의 오빠가 긴급출동(?)하였고 마을 사람들과 협조하여 트랙터를 동원했던 것이다. 바닷물에 침수되어 흠뻑 젖은 차를 정비공장에 맡기는 것으로 그날의 해프닝은 지나갔지만 이후 오도 가도 못하는 신세가 된 두 사람은 시내에서 하룻저녁을 머물게 되었고 훗날 친구는 그녀와 부부의 연을 맺게 되었다.

친구는 7년의 군 복무를 마치고 이어 소방공무원이 되었다. 나는 학원을 운영하면서 천안시립합창단원 소속으로 나의 음악생활을 지속하였다.

KBS 대전방송국 신인음악회 출연

1987년 KBS 대전방송국 신인음악회에 출연하였다. 도니제티의 오페라 사랑의 묘약 중 '남몰래 흐르는 눈물', 토스티 곡 '최후의 노래', 슈베르트의 독일가곡 '저녁노을' 등의 레퍼토리를 무난히 소화하였고 주위의 칭송이 자자하였다. 여기서 그날 연주한 레퍼토리에 대해 간략히 소개하기로 한다.

1) 가에타노 도니제티(1797~1848)

70편의 오페라 비극과 희극을 고루 작곡한 이탈리아 작곡가이다. 오페라 사랑의 묘약 중 '남몰래 흐르는 눈물'은 원곡에는 없는 곡이었다고 한다. 극 중 분위기와는 다소 동떨어진 분위기로, 대본가와 실랑이 끝에 급히 만들어 삽입한 곡이 바로 '남몰래 흐르는 눈물'로 알려진다. 극 중 어여쁜 아디나를 두고 네모리노와 벨코레 두 남자의 사랑을 갈구하는 장면이 전개되고 다른 곳으로 발령을 받게 된 벨코레가 아디나에게 급하게 청혼을 한다. 이에 아디나는 네모리노를 골려주고자 그 청혼을 받게 되고 약의 효과가 나타나지 않았다고 믿는 네모리노는 아디나에게 제발 하루만 결혼식을 늦춰달라고 부탁을 하는데, 비싼 값에 약을 샀던 네모리노는 다시 한번 약장수에게 약을 구하려 했지만 돈이 없었다. 이를 본 벨코레는 입대를 하면 현금을 준다는 소리를 듣게 되고 네모리노는 입대 계약서를 쓴 돈으로 사랑의 묘약으로 알려진 [포도주] 한 병을 더 마시게 된다. 이때 네모리노가 상당한 유산을 받는다는 것을 안 여인들은 네모리노에게 구애를 한다. 아디나는 자신을 향한 네모리노의 열정을 알고 감동받는다. 뒤늦게 후회하면서 눈물 흘린다. 그 상황을 안 네모리노는 사랑의 묘약 효과로 알고 기쁨에 겨워 노래하는 오페라 '남몰래 흐르는 눈물'. 현재까지 많은 사랑을 받고 있는 유명한 곡이다.

2) 프란체스코 파울로 토스티(1846~1916)

이탈리아 태생의 가곡 작곡가이다. 토스티는 시의 말과 노래를 조화시키는 방법이 매우 탁월하였다. 그의 가곡이 가창적이라고 말하는 이유는 단순히 감미로운 선율 때문만이 아니었다. 가사의 뜻과 흐름을 잘 이해하여 곡조를 다루었다고 많은 평론가들이 말한다. 시적 언어가 갖는 아름다움을 가감하거나 손상하는 일 없이 서정적이면서 풍요로운 곡조로 잘 승화시켰기 때문에 호평을 받는다. 당시 이탈리아의 가곡은 발전되지 못하고 민요만 있었던 시기였기에 토스티의 업적은 대단히 크다고 할 수 있었다. 서정시의 감정을 그대로 불러내는 듯한 그의 가곡은 현대에 와서도 많은 사람들에게 사랑받는다. 토스티는 음악적 면만이 아니라 시와 문학적 예술을 바라보며 융합한 진정한 예술작품을 만들어낸 특징이 있다.

3) 프란츠 페터 슈베르트(1797~1828)

빈 근교의 리히텐탈에서 1월 31일에 태어났다. 오스트리아군이 나폴레옹군과 교전, 캄포포르미오의 평화 조약이 성립된 해이다. 아버지는 농민 출신의 교사로서 후에 학교를 경영했으며, 첫 번째 아내와의 사이에 14명의 자녀가 있었는데 슈베르트는 넷째였다. 처음에 아버지와 형에게 악기의 기초를 배워 일찍부터 재능을 나타내고, 8세 때부터는 출생지 교회 오르가니스트 홀처(Holzer)에게 기초 교육을 받았다. 1808년 11세 왕립 예배당의 소년 합창단원으로 슈타트콘빅트에 입학,

초등교육에서 고등학교 과정을 이수했고 동시에 음악 전문교육을 받았다. 작곡 공부는 살리에리에게 배우고 그 밖에 피아노와 성악을 공부했으며, 학생 관현악단에서는 수석 바이올리니스트를 맡았다. 또한 슈파운 등의 좋은 친구를 얻은 것도 이 무렵이어서 슈베르트의 음악 열의는 더욱 높아졌고 그가 음악가로서 입신하는 데 강력히 반대하던 아버지도 결국은 뜻을 굽히지 않을 수 없었다. 그 후 변성기에 접어들 무렵, 아버지의 제안에 힘입어 1813년 슈타트콘빅트를 떠나 아버지를 돕게 된다. 징병을 피하기 위해 사범학교에 다니게 되었고, 한편으로 작곡 활동도 본격적으로 시작하기에 이른다.

가곡집 1. 물레방앗간의 아가씨. 2. 가곡집 백조의 노래. 3. 마왕 Op.1 4. 들장미Op.3의3 5. 송어Op.32 6. 아베 마리아 Op.52의6 7. 그대는 나의 안식처 Op.59dml3 8. 물 위에서 노래한다. Op.72 9. 음악에 부쳐 Op.88의4 10. 자장가 Op.98의2 11. 들어라 종달새

'저녁노을'은 "오 아버지의 세계는 참으로 아름답군요. 아버지, 그것이 [아버지의 세계가] 금빛으로 빛날 때 아버지의 광채가 아래로 내려와서 은은한 빛으로 속세를 물들일 때 구름 속에서 반짝이는 그 붉은 빛이 저의 조용한 창 안으로 들어올 때 제가 원망을 하겠습니까. 아버지와 저에 대해서 미심쩍어 하겠습니까. 아닙니다. 저는 가슴속에 품으렵니다. 아버지의 하늘을 바로 가슴속에 그리고 이 심장은 무너지기 전에 아직은 열기를 마시고 빛도 마시겠습니다."라는 내용의 독일 가곡으로 유명하다.

불현듯 찾아온 이별

원생 150여 명이 유지되는 제법 큰 규모의 음악학원을 순조롭게 운영하던 중에 내 운명의 갈림길이 아무런 예고도 없이 갑작스레 찾아왔다. 그동안 학원 운영을 전담하며 관리하던 나의 동반자이며 사랑스러운 아이들 예은이와 예지의 엄마가 물혹 제거 수술을 받고서 그만 마취에서 깨어나지 않아 청천벽력과도 같은 슬픔을 안기고 세상을 떠난 일이었다. 수술을 받기 위해 병원에 입원하기 이틀 전에 그녀는 은행 통장 하나를 내놓았다. 내 유학비용을 위해 그동안 틈틈이 모아놓은 1천만 원이 든 통장이었다. 그동안 아이들 때문에 미루어 왔던 유학을 떠나라는 말과 함께였다. 그녀의 삶은 나로 인해 행복하였고 유치원과 학원을 설립하고자 한 앞으로의 계획이 있기에 더 늦기 전에 우리의 꿈을 이루기 위한 유학을 권유한단다. 그녀 자신의 운명을 미리 예감이라도 했었을까. 그녀는 그렇게 하늘의 천사가 되었다. 그녀가 보인 지아비를 향한 마지막 사랑의 모습에 나는 그만 세상에 대한 분노와 오열을 금할 길 없었다. 엄마 없는 세상에 아이들을 방치하고 유학길에 오르는 것은 결코 있을 수 없는 현실이었다. 나는 그만 두 아이의 양육과 성장을 위해 소중했던 유학의 꿈을 접어야만 했다.

사단법인 한국음악협회 군포시 지부장을 역임하다

사단법인 한국 음악협회 군포시 지부장으로 추대받아 음악공연 활동을 지원하였고, 전문가들 중심의 군포시 남성중창단을 창단하여 지역사회의 문화예술 향상에 나름의 기여를 한 결과 우리 단체는 지역민들로부터 큰 인정을 받게 되었다. 시에서 지원하는 '수리 음악콩쿠르'와 '수리 동요제'(전국 규모의 공신력이 있는, 예술고등학교와 음악 대학 입학에 등용문으로 자리매김한 콩쿠르), 그리고 연례적으로 치

러지는 철쭉 축제행사, 찾아가는 음악회, 푸른 음악회와 합창제 및 예술인총연합회 행사 등 지역사회와 손잡고 왕성한 활동에 매진하였다. 재독한인연합회 제77주년 광복절 기념행사 공연도 팬더믹 과정에 무사히 다녀왔다.

프랑소아 오제아스와 스테판 선생님께 사사

어느덧 두 딸이 곱게 자라 성년이 되었고, 이제 못다 이룬 꿈을 위해 늦으나마 이탈리아로 향했다. 그곳 아카데미아의 오제아스 선생님께서는 베르디국립 음악원 총장을 역임하시며 탁월한 능력을 인정받고 계신 분이었다. 국내에서도 제법 이름을 알리고 있는 성악가 교수들이 이미 많이도 자리하고 있었다.

페데리코의 탄식, 남몰래 흐르는 눈물, 그대의 찬 손, 공주는 잠 못 이루고, 별은 빛나건만, 오페라 카르멘 중 '꽃노래' 미소의나라(Dein ist mein ganzes Herz) 여자의 마음 등 여러 영역의 노래를 공부하던 중에 선생님께서 말씀하셨다. 성악에서 테너의 소리는 1. 레쩨로(Leggero) - 가벼운 목소리 오라토리오 2. 리릭코(Lirico) - 낭만적인 소리 3. 리릭코 레쩨로(Lirico Leggero) - 서정적인 목소리 4. 리릭코 스핀토(Lirico Spinto) - 날카롭고 무게 있는 소리 5. 드라마틱코(Dramatico) - 폭넓은 소리 등으로

나뉜다. 내게 맞는 소리는 리릭코 레제로(서정적 목소리)라고 말씀하시면서 너무 무거운 곡은 삼가라고 당부하셨다. 어느 날은 한국의 음악을 들어보고 싶다 하여 마침 핸드폰에 내장된 MR 반주에 맞춰 노래를 하니 한국에 이렇게 흥겹고 좋은 음악이 있느냐며 놀라워한 교수님이 여전히 잊히지 않는다.

경복궁에 깃든 역사와 문화의 '복원'

경복궁은 조선의 정궁이었다. 1395년 태조 때 만들어졌다가 임진왜란 때 소실되었고 고종에 이르러 보수할 때까지 안타깝게도 복원이 되지 못한 상태로 남아있었다. 고종이 왕이 되면서 조선 전기 때의 모습으로 중건하는 역사가 일어났다. 그리고 일제강점기를 거치면서 또다시 대부분의 문화재가 훼손이 되는 아픔을 겪게 되는데 1990년부터 문화재청에서 복원하는 작업을 진행 중에 있다. 이후에도 2011년부터 2045년까지 경복궁 내부의 핵심 시설들 일부를 추가로 복원하는 작업을 추진 중에 있다고 한다. 현재 일대가 복원되는 과정들을 지켜보면서 이제 우리나라도 문화 선진국임을 자부하며 긍지를 갖고 싶어진다. 선생님께 말씀드렸다. "언젠가 좋은 날에 경복궁 복원을 경축하는 마음으로 노래 부르려 합니다. 우리의 자랑이자 얼이 담겨있는 생활상과 건축양식, 음식문화, 스포츠, B.T.S 및 영화와 드라마가 한류의 물결로 지구촌 곳곳으로 뻗어가는 이때, 저 또한 우리의 전통음악과 클래식을 넘나들며 자랑스럽게 멋진 공연을 하고자 합니다."

경복궁이 세워지고 복원되는 역사적 배경과 외국 관광객들의 한국 여행 첫 순위의 명소라 말씀드렸다. 선생님께서도 흔쾌히 기회가 되면 꼭 한국을 방문하여 제자들의 성장 모습을 확인하면서 경복궁 관광도 하면 좋겠다는 말씀을 하고 계신다. 그렇게 스승과 제자는 다가올 그날을 기다리면서 삶과 희망을 노래 부르며 오늘을 살고 있는지도 모른다.

다성 음악(多聲 音樂)의 성부(聲部)

1) 테너(Tenor)

남성 성역 중 가장 고음을 내는 성역으로 널리 알려진 테너 성악가로는 루치아노 파바로티, 플라시도 도밍고, 호세 카레라스로 잘 알려진 세계 3대 테너들이다. 테너는 이탈리아어 Tenere(유지하다)에서 유래된 단어로 고음을 내기 위해서는 긴장이 유지되는 것에 착안해서 나온 단어라고 한다.

2) 바리톤(Baritone)

남성 성역 중 고음을 내는 테너와 가장 낮은 성역인 베이스의 중간 음역대이다. 남성 성악가들의 50% 이상이 바리톤 음역의 목소리를 가지고 있다. 바리톤은 그리스어 바리스(barys: 무거운, 깊은)와 토노스(tonos: 소리, 울림)의 합성어로 중후하고 남성적인 느낌을 받을 수 있는 목소리이다.

3) 베이스(Bass)

남성 성역 중 가장 낮은 음역대를 말한다. 테너가 3옥타브 도(HighC)까지 낼 수 있어야 진정한 테너라 할 수 있다면 베이스는 가온다 '도'에서 한 옥타브 밑에 '도'(LowC)를 잘 낼 수 있다면 제대로 된 베이스라고 한다.

4) 소프라노(Soprano)

여성 목소리 중 가장 고음을 내는 성역으로 이탈리아어로 sopra는 '~위에 있다.'라는 뜻으로 전체 여성 중 70:30으로 소프라노가 많다. 보통 오페라에서 주인공 역을 많이 하고 있다.

5) 메조 소프라노(Mezzo Soprano)

여성 성역 중 가장 낮은 알토가 있는데 그 중간 음역대를 메조 소프라노라고 부른다. mezzo는 이탈리아어로 중간, 가운데라는 의미이다.

6) 알토(Alto)

여성 성역 중에서 가장 낮은 음역대를 지칭. 이탈리아어 Altosms는 '높다'란 뜻인데, 남자 성부와 여성 성부를 여러 가지 음역대로 구분하다 보니 이렇게 정한 듯하다. 신기하게도 여성의 알토와 남자의 테너 가성(팔세토) 소리가 비슷하다.

발성과 호흡과 자세의 중요성

가) 횡경막 팽창의 감각을 이해하고 연습하기(appogio)

고무풍선에 입으로 바람을 넣으면 일정하게 부풀어 오르듯이 부풀어 오른 상태에서 명치 앞에 압박감을 갖고 횡경막을 유지하는 자세가 중요하다. 가슴을 펴고 단전은 양손으로 받치고 있는 자세, 숨이 빠져나가더라도 최대한 상하압력을 최대한 유연한 힘을 가지면 목도 열리게 되며 좋은 호흡법이 된다.

나) 립트리스(입술떨기)

입술을 부드럽게 다문 상태에서 공기를 뱉게 되면 입술이 압력으로 떨리게 된다.

다) 스타카토 연습하기(staccato)

라) 자신의 음역 상태에서 적합한 빠사지오(passaggio)

마) 말하듯이 노래 부르기(parlato)

바) 부드럽고 유연하게 노래하기(legato)

사) 간절히 기도하듯 노래 부르기(pregando)

아) 열정적으로 노래 부르기(passione)

뜨거운 가슴의 울림으로 노래하라! 그것이 곧 감동이다.

호흡

- 호흡이 소리이고 소리가 호흡이다.
- 모든 근육의 힘을 풀고 오로지 횡격막 주변만 팽창시킨다.
- 호흡을 위한 좋은 연습은 윗몸 일으키기기, 누워서 다리 들고 버티기로 호흡을 이해하는 자만이 노래를 이해한다고 할 정도로 중요한 게 호흡법이다.

발성(소리)

- 발성에도 법칙이 있다.
- 호흡과 발성 과정은 동시에 이루어진다.
- 모든 소리의 위치는 비강(광대뼈)에서!
- 마마마마 메메메메 미미미미 모모모모 무무무무 발성하기
- 소리를 즐겨라! 울림(공명)을 찾자.
- pitch가 절대적으로 중요하다.

발음(가사)

- 말하듯이 노래하라.

- 발음이 좋아야 감동을 준다.

- 노래 가사를 큰 소리로 읽는다.

- 모음은 길게, 자음은 짧게 한다.

장애인복지관에서의 공연

최근에 장애인복지센터에서 공연을 갖게 되었다. 그곳의 분위기는 기존의 음악 행사장의 느낌과 사뭇 달라 참석한 공연자 모두가 당황스러워했다. 원장 선생님께서는 공연에 앞서 우리 장애인센터의 사람들은 돌발적인 상황이 있을 수 있다며 마음의 준비를 갖고 공연에 임하라는 말씀을 내놓으셨다. 아니나 다를까. 공연 도중 한 구석에서 굵은 저음의 소리와 다른 한쪽에서는 몸의 움직임을 빠르게 하며 리듬을 타는 듯한 소리가 들려오는 게 아닌가. 잠시의 시간이 지나 우리는 그들 나름의 좋은 감정을 표현하는 것이라는 것을 이내 깨닫게 되었고, 나의 마음은 그들과 하나가 되어 기쁨 가득한 연주로 재탄생하였다. 우리가 미처 알지 못했던 그들의 의사 표현을 잘못된 선입견으로만 바라본 점에 대해 스스로를 되돌아본 계기가 되었다. 음악이 끝나고 한 원생이 다가와 "참 멋있었어요!" 하는 게 아닌가. 그 한 마디에 나는 그 어느 연주회에서도 느끼지 못한 감동으로 가슴이 울컥했다. 이렇게 순수한 아이들과 함께 공연을 진행한 것에 대해 이곳에 찾아오길 잘했다는 생각과 더불어 시간을 만들어 다시 한번 이곳에서의 공연을 저들과 함께하리라 다짐하였다.

유튜브에서 한 장애인의 방송을 보게 된 적이 있다. 바로 레나마리아라는 사람으로, 1968년 스웨덴에서 태어난 장애인의 이야기였다. 그녀의 두 팔은 태어날 때부터 없었으며 한쪽 다리도 기형적으로 짧은 중증장애인이었다. 정상인과 똑같은 교육을 받게 한 부모님의 도움으로 수영과 십자수, 피아노, 요리, 운전에 이르기까지 그녀는 못 하는 것이 없게 되었다. 그녀는 여러 대회에 출전하여 다수의 금메달을 획득했고 음악을 전공한 후에는 가스펠 가수로 활동하였다. 꾸준히 노력한 결과 장애를 극복하고 정상인과 다름없이 많은 일들을 해내고 있는 그녀의 모습은 보는 이로 하여금 숙연한 마음마저 느끼게 하기에 충분했다. 그녀는 "제 삶이 주는 모든 것에 감사하는 마음으로 노래를 부릅니다. 세상의 모든 사람은 고귀합니다. 하나님께서는 개개인의 사람들을 특별한 목적과 남다른 이유에 따라 창조하셨습니다. 우리는 모두 다릅니다. 우리는 인생에 있어서 부족한 것이 있으며 때로는 아무것도 없이 지내기도 합니다. 저는 두 팔이 없습니다. 그러나 노래를 잘하는 목소리를 지녔습니다. 당신이 돈이 없다는 것, 배운 게 없다는 것, 또 온전한 신체를 지니지 않았다는 것은 중요하지 않습니다. 당신 또한 주변 사람들에게 중요한 무엇인가를 가졌기 때문입니다. 저는 즐거움과

술을 만드는 기회
술을 누리는 기회
2023
Roland

삶에 대한 힘, 그리고 절대자에 대한 사랑을 노래하고 싶습니다."라고 했다.

Amazing Grace를 부르며 천상의 소리로 우리에게 큰 감동과 놀라움을 안겨주는 모습을 보며 내 마음에 적지 않은 시사점을 남겨주었다. 그녀가 장애를 갖고 있지만 비장애인보다 더 순수하고 맑은 심성을 갖고 있음을 알게 되었다. 앞서 인용한 레나마리아의 말처럼 하나님께서 계획 가운데서 필요에 의해 요소요소를 적재적소에 창조하심을 다시 한번 깨닫게 된 계기가 되었다.

바쁘게 살아가는 일상 속에서 주변의 소외되고 단절된 곳들이 얼마나 많은가를 생각한다. 예전엔 연말연시를 앞두고 구세군 자선냄비나 불우이웃돕기 등 특집으로 꾸며지는 여러 방송국의 프로그램과 함께 관련 행사도 적지 않았는데, 시간이 지나며 점차 뜸해지고 있는 것이 시대 변화의 단면이란 생각에서 안타까울 뿐이다. 정으로 똘똘 뭉친 공동체적 생활에서 급속하게 개인주의적 성향으로 옮아가는 세태의 변화에 씁쓸한 마음 금할 길이 없다.

1주 후에는 요양원으로 공연을 가게 되었는데 그곳에 계신 분들은 연세가 많고 정신적으로 힘이 들거나 거동이 불편하신 어머님 아버님들이다. 평상 생활에서는 무표정에 무반응으로 일관하시는 분들이다. 소싯적에 많이 들었던 곡들을 메들리로 고향의 봄, 오빠 생각, 나의 사랑 클레멘타인, 과수원길에 이어 흥겨운 우리 가락 경복궁 타령을 부르니 어느 지점에 이르러서는 반주와 노래에 맞춰 표정이 밝아지고 어떤 분들은 듬성듬성 노래를 따라 부르기도 하고 장단에 맞춰 지난 기억과 추억을 곱씹으며 즐기는 것이 아닌가. 그래, 그렇게 하리라. 최선의 최선을 다하는 마음으로 그들을 함께하리라. 최고의 공연을 연출하리라. 내 모든 것 그분들과 추억을 더듬으면서 함께하리라.

에필로그

눈이 내렸다. 용산 미8군 담장 길을 걷는 내 얼굴 위에도 내렸다. 바람에 실린 눈은 선뜻 내려앉길 주저하면서 자꾸만 눈앞에서 아른거렸다. 밟히고 더럽혀진 눈길을 걷다가 들른 곳, 주말을 맞아 외출을 하면 자주 찾는 곳이 있는데, 남영동 숙대입구 인근의 한 찻집이었다.

나의 출현에 손님을 맞고 차를 나르는 여자가 베토벤 바이올린 협주곡을 익숙하게 얹어 놓았다. 단골손님에게 '어서 오시라'는 무언의 서비스라 느끼며, 나는 다른 이들의 말소리가 조금이라도 덜 전해질 구석빼기에 모자를 벗고 앉아 있었다. 팔짱을 끼고 군화 발을 꼬고 앉은 것이 이만하면 몸 하나 잠시 내맡기기에 무리가 없는 편안함이었다. 이윽고 전해오는 팀파니의 공명, 눈길을 지나온 나의 가슴을 진정시켰다. 스트링과 목관의 절묘한 화성은 한 치의 흐트러짐도 없는 것이, 순수의 울림 그 자체로 찻집 안의 여기저기를 속속들이 채워나갔다. 독주 악기의 선율이 풀어진 실타래에 날개를 단 듯 자유로웠다. 어느 음절에선 고향의 슬픈 추억이, 또 어느 순간에선 화려한 미래의 청사진을 풀어내고 펼치길 반복하였다. 과거와 미래, 시간과 공간을 넘나들면서 끊임없이 샘솟듯 하였다. 식은 커피 한 모금을 마저 마실 때까지 나는 나와 하나가 되어 있었고, 충족된 희열과 카타르시스에 휩싸였던 것이다. 눈 내리는 그 겨울밤, 나는 포장마차에서 혼자 소주를 마셨다.

- 최인규 수필 「베토벤과 함께했던 내 청춘의 겨울밤」 중에서

고려대학교
평생교육원
고려대학교
명강사최고위과정

KOREA UNIVERSITY
고려대학교 미래교육원
고려대 명강사 최고위과정 18기
2023.10.16 ~ 2024.02.03

고려대학교
명강사최고위과정

공저출판교육

고려대학교 미래교육원
고려대 명강사 최고위과정18기 공저출판교육 Workshop
2023. 11. 10 ~ 2023. 11. 11
KOREA UNIVERSITY
고려대학교
명강사최고위과정

서글픈 인생의 세 마디
할 수 있었는데…
할 뻔 했는데…
해야 했는데…
고려대
명강사최고위과정

KOREA UNIVERSITY
고려대학교 평생교육원
고려대역사 120년만에 최초 개설된
고려대학교
명강사최고위과정
010-2766-5000

고려대학교 미래교육원
KOREA UNIVERSITY
고려대 명강사 최고위과정18기 공저출판교육 Workshop
2023. 11. 10 ~ 2023. 11. 11

심폐소생술
12
심폐소생술(CPR)
심폐소생술 연속 동작
고려대
명강사최고위과정

고려대학교 미래교육원
고려대 명강사 최고위과정 18기
2023. 10. 16 ~ 2024. 02. 03
KOREA UNIVERSITY
고려대학교 명강사 최고위과정

고려대학교 미래교육원
고려대 명강사 최고위과정 18기
2023. 10. 16 ~ 2024. 02. 03
KOREA UNIVERSITY
고려대학교 명강사 최고위과정

고려대학교 미래교육원
고려대 명강사 최고위과정 18기
2023. 10. 16 ~ 2024. 02. 03
KOREA UNIVERSITY

고려대학교 미래교육원
고려대 명강사 최고위과정 18기
2023. 10. 16 ~ 2024. 02. 03
KOREA UNIVERSITY

실력
사가 되는 길
순위
한 일
하는 일
&강의력 역량up
서일정 성공사관학교총장
위과정 18기

고려대학교 미래교육원
고려대 명강사 최고위과정 18기
2023. 10. 16 - 2024. 02. 03
KOREA UNIVERSITY

소통과 화합의 시간

中 35,000
60,000
45,000
35,000
가리비 30,000
20,000
대하소금구이 20,000

★★ **최고위과정 18기** ★★

고려대 명강사

1판 1쇄 펴낸날 2024년 2월 3일

지은이 김은희, 박범진, 박용진, 박현주, 송경숙, 이기자, 이문재, 이순희, 장선아, 한상열
펴낸이 나성원
펴낸곳 나비의활주로

책임편집 김정웅
디자인 BIG WAVE

주소 서울시 성북구 아리랑로19길 86
전화 070-7643-7272
팩스 02-6499-0595
전자우편 butterflyrun@naver.com
출판등록 제2010-000138호
상표등록 제40-1362154호
ISBN 979-11-93110-24-9 03320